Giovanni Russo
(Organização)

OS PIONEIROS DA BIOÉTICA

VOL. 1

Warren T. Reich - Edmund D. Pellegrino
Van Rensselaer Potter - Hugo T. Engelhardt
Tom L. Beauchamp - Daniel Callahan
Robert M. Veatch

KOTTER
EDITORIAL

Diretor editorial: Sálvio Nienkötter
Coordenação editorial: Claudecir de Oliveira Rocha
Editor-executivo: João Lucas Dusi
Editor-assistente: Luiz Felipe Cunha
Capa e Design editorial: Carlos Garcia Fernandes
Produção: Joehverson Guslem Jacob
Preparação de originais e revisão: O Autor
Tradução: Diego Carlos Zanella
Obra original: RUSSO, Giovanni (a cura di). *Bilancio di 25 anni di bioetica*: un rapporto dai pionieri. Torino: Editrice Elledici, 1997.

Dados Internacionais de Catalogação na Publicação (CIP)
Angelica Ilacqua CRB-8/7057

P733

Os pioneiros da bioética / organizado por Giovanni Russo ; Warren T. Reich...[et al]. — Curitiba : Kotter editorial, 2025.
176 p.

ISBN 978-65-5361-409-3

1. Bioética I. Russo, Giovanni II. Reich, Warren T.

CDD 174.2

25-2617

KOTTER EDITORIAL

Kotter Editorial Ltda.
Rua das Cerejeiras, 194
CEP: 82700-510 - Curitiba - PR
Tel. + 55(41) 3585-5161
www.kotter.com.br | contato@kotter.com.br

Feito o depósito legal
1ª Edição
2025

Giovanni Russo
(Organização)

OS PIONEIROS DA BIOÉTICA

VOL. 1

Warren T. Reich - Edmund D. Pellegrino
Van Rensselaer Potter - Hugo T. Engelhardt
Tom L. Beauchamp - Daniel Callahan
Robert M. Veatch

Sumário

OS PIONEIROS DA BIOÉ

TICA

Apresentação à edição brasileira: A bioética dos pioneiros

Diego Carlos Zanella[1]
Anor Sganzerla[2]
Alberto Paulo Neto[3]

[1] Doutor em Filosofia, Mestre em Filosofia e Bioética. Professor do Curso de Filosofia e Coordenador do Programa de Pós-Graduação em Ensino de Humanidades e Linguagens (PPGEHL), membro do Comitê de Ética em Pesquisa com Seres Humanos (CEP) e da Comissão de Ética no Uso de Animais (CEUA), na Universidade Franciscana (UFN), Santa Maria, RS. Membro da Sociedade Brasileira de Bioética (SBB) e membro relator (suplente) da Comissão Nacional de Ética em Pesquisa (CONEP), período 2024-2027.

[2] Doutor em Filosofia e Mestre em Filosofia, graduado em Filosofia e Teologia. Professor adjunto do curso de Filosofia e do Programa de Pós-Graduação em Bioética, da Pontifícia Universidade Católica do Paraná (PUCPR). Coordenador do Doutorado Internacional em Humanidades, uma parceria entre a PUCPR e Universidade Católica de Moçambique (UCM). Membro do Núcleo de Estudos da Técnica (NET), do Núcleo de Estudos em Bioética (NEB), e do Centro Hans Jonas Brasil. Professor visitante da Universidade Católica de Moçambique (UCM).

[3] Possui graduação em Filosofia pela Universidade Estadual de Londrina (2006), Mestrado em Filosofia pela Universidade Federal de Santa Catarina (2009) e Doutorado em Filosofia pela Universidade de São Paulo (2015). Tem experiência na área de Filosofia, com ênfase em Ética e Filosofia Política, atuando principalmente nos seguintes temas/autores: Bioética e Direitos Humanos, Teorias da democracia, Teorias da justiça, Republicanismo e Liberalismo político, Filosofia Política, Filosofia do Direito e autores: Immanuel Kant, Jürgen Habermas, Ronald Dworkin e Philip Pettit. Líder do Grupo de Pesquisa: Justiça e Direitos Fundamentais (CNPq/PUCPR Campus Londrina). Professor permanente no Programa de Pós-Graduação em Bioética da Pontifícia Universidade Católica do

A bioética, enquanto campo interdisciplinar, emergiu no século XX como resposta às complexas questões éticas suscitadas pelo avanço das ciências biomédicas e das tecnologias associadas. Neste contexto, esta apresentação tem como objetivo não apenas contextualizar o livro aqui traduzido, mas também explorar algumas das contribuições dos pioneiros da bioética. Estas contribuições procuram ir além daquilo que foi reunido por Giovanni Russo, em 1997, ocasião em que foi celebrado os 25 anos da bioética. Além disso, essas contribuições destacam o impacto e a relevância contínua desses pioneiros no campo da bioética.

O livro, originalmente publicado em italiano sob o título *Bilancio di 25 anni di bioetica: un rapporto dai pionieri*, reúne ensaios de renomados estudiosos que discutem as origens, o desenvolvimento e os desafios da bioética. Giovanni Russo, um destacado bioeticista italiano, buscou compilar trabalhos que não apenas traçassem o panorama bioético dos pioneiros, mas que também oferecessem perspectivas profundas sobre as direções futuras do campo. A tradução e apresentação desta obra para o público brasileiro visa ampliar o acesso a essas discussões cruciais, promovendo um diálogo mais inclusivo e global sobre as questões bioéticas.

Em 2020, a comunidade acadêmica e científica celebrou com entusiasmo os 50 anos da bioética, um marco significativo para um campo que se consolidou como essencial na interface entre a ciência, a ética e a sociedade. Este meio século de bioética foi celebrado de diversas maneiras, especialmente entre nós, brasileiros, com a publicação de *A bioética de V. R. Potter: 50 anos depois*, que refletiu sobre as contribuições e desafios enfrentados ao longo dos anos pela perspectiva potteriana da bioética.[4] Nesses 50 anos, reconheceu-se a importância da bioética na promoção de uma ciência responsável e humana, enfatizando a necessidade contínua de diálogo interdisciplinar e global para enfrentar os dilemas éticos emergentes. Este jubileu de ouro reafirmou o compromisso

Paraná. Membro do "Espacio abierto de Inteligencia Artificial" de UNESCO para América Latina y el Caribe.

[4] Cf. SGANZERLA, Anor; ZANELLA, Diego Carlos (orgs.). *A bioética de V. R. Potter: 50 anos depois.* Curitiba: PUCPRESS, 2020.

da bioética com a construção de um futuro mais ético e sustentável, celebrando suas conquistas e renovando a determinação de abordar as questões morais mais urgentes do nosso tempo.

Neste contexto de comemoração dos 50 anos da bioética, torna-se imperativo abordar de maneira abrangente as perspectivas clínica, médica, biomédica e ambiental que constituem os pilares fundamentais desse campo interdisciplinar. A bioética, desde suas origens, tem sido crucial na orientação ética das práticas médicas e biomédicas, garantindo que o progresso científico seja acompanhado por uma reflexão ética profunda e responsável. Com esta tradução de textos dos pioneiros da bioética, buscamos não apenas honrar suas contribuições históricas, mas também reforçar a importância contínua de uma bioética que dialogue diretamente com os desafios e dilemas contemporâneos das ciências biomédicas. Ao trazer à luz as reflexões de autores centrais como Warren Thomas Reich (1931-2023), Edmund D. Pellegrino (1920-2013), Van Rensselaer Potter (1911-2001), Hugo Tristram Engelhardt Jr. (1941-2018), Tom L. Beauchamp (1939-2025), Daniel Callahan (1930-2019) e Robert M. Veatch (1939-2020), pretendemos proporcionar uma base sólida para que as pessoas interessadas em bioética possam enfrentar as questões éticas emergentes com uma compreensão robusta e bem fundamentada, promovendo assim uma prática clínica e biomédica mais ética e humanitária.

Warren Thomas Reich é um dos autores seminais no campo da bioética, conhecido por suas contribuições significativas tanto na teoria quanto na prática. Reich é amplamente reconhecido por seu papel como editor-chefe da *Encyclopedia of Bioethics*,[5] uma obra monumental que consolidou o conhecimento bioético e se tornou uma referência essencial para acadêmicos e profissionais da área. Sua abordagem interdisciplinar e seu compromisso com a inclusão de diversas perspectivas culturais e filosóficas destacam-se em suas obras. Além disso, Reich explorou a natureza e o

[5] Warren Thomas Reich foi editor-chefe da primeira edição, em 1978, e da segunda edição, em 1995. Depois disso, a enciclopédia ganhou outras duas edições, a terceira edição em 2004, a qual contou com um novo editor: Stephen Garrard Post. Já a quarta edição, em 2014, teve uma alteração no nome, passando a ser denominada apenas por *Bioethics*, cujo editor é Bruce Jennings.

desenvolvimento da bioética em diversos artigos, nos quais discutiu os fundamentos filosóficos e os desafios práticos enfrentados pela disciplina.[6] Reich também se dedicou ao estudo da história do cuidado e publicou extensivamente sobre o tema.[7] Através de seus escritos, Reich desempenhou um papel crucial na definição e no desenvolvimento da bioética como um campo acadêmico e prático, promovendo um entendimento mais profundo e humanizado das questões éticas na medicina e na pesquisa biomédica.

Edmund D. Pellegrino é amplamente reconhecido como um dos mais influentes pensadores na bioética, especialmente na interseção entre ética médica e prática clínica. Com uma carreira distinta como médico, filósofo e educador, Pellegrino contribuiu significativamente para a compreensão da ética como fundamento essencial da prática médica. A obra *The Philosophy of Medicine Reborn: A Pellegrino Reader [o renascimento da filosofia da medicina: uma coletânea de Pellegrino]* compila alguns de seus ensaios mais impactantes, nos quais ele explora temas como a natureza da relação médico-paciente, a virtude na prática médica e a importância da compaixão e da prudência nas decisões clínicas.[8] Em *For the Patient's Good: The Restoration of Beneficence in Health Care [pelo bem do paciente: a restauração da beneficência nos cuidados da saúde]*, coescrito com David C. Thomasma, Pellegrino argumenta eloquentemente pela centralidade do bem do paciente como princípio norteador da ética médica, desafiando tendências contemporâneas

---

[6] Cf. REICH, Warren Thomas. The Word "Bioethics": Its Birth and the Legacies of those Who Shaped It. *Kennedy Institute of Ethics Journal*, v. 4, n. 4, 1994, p. 319-335; cf. REICH, Warren Thomas. The Word "Bioethics": The Struggle Over Its Earliest Meanings. *Kennedy Institute of Ethics Journal,* v. 5, n. 1, 1995, p. 19-34; cf. REICH, Warren Thomas. The "Wider View": Andre Helleger's Passionate, Integrating Intellect and the Creation of Bioethics. *Kennedy Institute of Ethics Journal,* v. 9, n. 1, 1999, p. 25-51.

[7] Cf. REICH, Warren Thomas. Care I: History of the Notion of Care. *In:* Jennings, Bruce (ed.). *Bioethics.* 4th ed. Vol. II. Farmington Hills, Michigan: Gale Cengage Learning, 2014, p. 476-489; cf. REICH, Warren Thomas. Care II: Historical Precedents for an Ethic of Care in Health Care. *In:* Jennings, Bruce (ed.). *Bioethics.* 4th ed. Vol. II. Farmington Hills, Michigan: Gale Cengage Learning, 2014, p. 489-495.

[8] Cf. PELLEGRINO, Edmund D. *The Philosophy of Medicine Reborn: A Pellegrino Reader.* Edited by H. Tristram Engelhardt Jr. and Fabrice Jotterand. Notre Dame, Indiana: University of Notre Dame Press, 2008.

que priorizam a autonomia em detrimento de outras considerações éticas.[9] Além disso, sua liderança na formação de programas de bioética em instituições renomadas, como o *Kennedy Institute of Ethics*, e sua participação em comitês de ética, destacam seu compromisso com a aplicação prática de seus princípios éticos. O legado de Pellegrino é marcado por sua insistência em uma ética médica profundamente humana, centrada no cuidado e no respeito à dignidade do paciente.

Van Rensselaer Potter é amplamente considerado o fundador da bioética,[10] tendo introduzido o termo primeiro em um artigo e em seguida em seu livro seminal *Bioethics: Bridge to the Future [bioética: ponte para o futuro]*, publicado em 1971.[11] Potter concebeu a bioética como uma disciplina integrativa que unisse o conhecimento biológico com valores éticos, visando à sobrevivência humana sustentável. Sua visão inovadora propunha que a ciência e a ética fossem harmonizadas para enfrentar os desafios globais, incluindo questões ambientais e de saúde pública. Em seu segundo livro *Global Bioethics: Building on the Leopold Legacy [bioética global: construindo a partir do legado de Leopold]*, Potter ampliou sua abordagem, defendendo uma ética global que incorporasse a responsabilidade ecológica e o respeito pelo meio ambiente, inspirada no trabalho de Aldo Leopold (1887-1948).[12] Suas obras e ensaios estabeleceram os fundamentos para uma bioética ecológica, enfatizando a necessidade de uma abordagem interdisciplinar e integral para a resolução de problemas complexos que transcendem as fronteiras nacionais e culturais. A contribuição de Potter

[9] Cf. PELLEGRINO, Edmund D.; THOMASMA, David C. *For the Patient's Good: Toward the Restoration of Beneficence in Health Care.* New York: Oxford University Press, 1988. Edição brasileira: *Pelo bem do paciente: a restauração da beneficência nos cuidados da saúde.* São Paulo: Loyola, 2018.

[10] Ou aquele que recriou o termo. Fritz Jahr (1895-1953) foi um teólogo alemão e empregou o termo 'bioética' pela primeira vez em 1927. Potter, que não teve contato com a obra de Jahr, recria o termo e dá a ele sua própria concepção de bioética (cf. WHITEHOUSE, Peter J. O renascimento da bioética: ampliando as formulações originais de Van Rensselaer Potter. *In:* PESSINI, Leo; SGANZERLA, Anor; ZANELLA, Diego Carlos (orgs.). *Van Rensselaer Potter: um bioeticista original.* São Paulo: Loyola, 2018, p. 139-152).

[11] Cf. POTTER, Van Rensselaer. *Bioética: ponte para o futuro.* São Paulo: Loyola, 2016.

[12] Cf. POTTER, Van Rensselaer. *Bioética global: construindo a partir do legado de Leopold.* São Paulo: Loyola, 2018

permanece central para a bioética, destacando a importância de integrar ciência, ética e ecologia para um futuro sustentável e justo.

Hugo Tristram Engelhardt Jr. é outro autor proeminente na bioética, conhecido por suas abordagens distintamente pluralistas e suas contribuições profundas ao debate ético contemporâneo. Sua obra mais influente, *The Foundations of Bioethics [fundamentos da bioética]*, publicada pela primeira vez em 1986, explora as bases filosóficas e morais da bioética, defendendo a ideia de que, em um mundo moralmente pluralista, não há fundamentos éticos universais que possam ser impostos de maneira objetiva.[13] Engelhardt argumenta que a bioética deve reconhecer e respeitar a diversidade moral e cultural, propondo um modelo de consentimento informado como pedra angular das interações médico-paciente. Em *Bioethics and Secular Humanism: The Search for a Common Morality [bioética e humanismo secular: a busca por uma moralidade comum]*, ele examina as tensões entre perspectivas seculares e religiosas na bioética, buscando uma base comum para o diálogo ético.[14] Suas contribuições continuam a influenciar profundamente a bioética, destacando a complexidade e a necessidade de uma abordagem inclusiva e pluralista no tratamento dos dilemas éticos contemporâneos.

Tom L. Beauchamp é um autor extremamente importante na bioética, amplamente reconhecido por sua contribuição ao desenvolvimento da teoria dos "princípios da bioética". Juntamente com James F. Childress, Beauchamp coautorou a influente obra *Principles of Biomedical Ethics [princípios de ética biomédica]*, publicada pela primeira vez em 1979. Este livro estabeleceu os quatro princípios fundamentais da bioética – autonomia, beneficência, não-maleficência e justiça – que se tornaram pilares na prática da ética médica e na pesquisa biomédica.[15] Juntos, esses dois autores

[13] Cf. ENGELHARDT JR., H. Tristram. *The Foundation of Bioethics*. Oxford: Oxford University Press, 1996. Edição brasileira: *Fundamentos da bioética*. São Paulo: Loyola, 2004.

[14] Cf. ENGELHARDT JR., H. Tristram. *Bioethics and Secular Humanism: The Search for a Common Morality*. Eugene, Oregon: Wipf and Stock Publishers, 2011.

[15] Cf. BEAUCHAMP, Tom L.; CHILDRESS, James F. *Principles of Biomedical Ethics*. 8th ed. New York: Oxford University Press, 2019. Edição brasileira: *Princípios de ética*

defendem que esses princípios fornecem uma estrutura prática e universal para a resolução de conflitos éticos, permitindo um balanço entre valores concorrentes e contextos específicos.[16] Além disso, em *The History and Theory of Informed Consent [história e teoria do consentimento informado]*, coescrito com Ruth R. Faden, os autores examinam como o consentimento informado se desenvolveu ao longo do tempo, desde suas raízes nas práticas médicas antigas até seu status contemporâneo como um princípio ético central na bioética e na medicina. Os autores oferecem uma análise abrangente das diferentes dimensões do consentimento informado, abordando tanto os aspectos éticos quanto legais, e destacam a importância de respeitar a autonomia dos pacientes em processos de tomada de decisão médica. Através de uma revisão detalhada de casos históricos e debates filosóficos, eles elucidam como o consentimento informado não apenas protege os direitos dos pacientes, mas também promove uma prática médica mais transparente e responsável. Este livro é uma leitura indispensável para profissionais da saúde, pesquisadores e estudantes de bioética que desejam entender as complexidades e a importância crítica do consentimento informado na prática médica contemporânea.[17] Beauchamp também contribuiu significativamente para o campo da bioética com muitas outras obras e através de sua participação em comitês e conselhos éticos, ajudando a formular diretrizes e políticas que moldaram a prática da bioética. Seu trabalho continua a influenciar profundamente a teoria e a prática bioética, promovendo um entendimento mais sistemático e aplicável dos princípios éticos na medicina e na pesquisa.

Daniel Callahan é outro autor seminal na bioética, conhecido por suas abordagens inovadoras e provocativas sobre os limites da medicina e as questões éticas no envelhecimento e nos cuidados de fim de vida. Cofundador do Hastings Center, uma das

---

biomédica. 4 ed. São Paulo: Loyola, 2002.

[16] Para uma avaliação crítica do trabalho de Tom L. Beauchamp e James F. Childress, veja-se: BARCELOS, Marta Dias. *Bioética e consenso: uma análise da teoria principialista.* Cascais: Princípia, 2022.

[17] Cf. BEAUCHAMP, Tom L.; FADEN, Ruth R. *A History and Theory of Informed Consent.* New York: Oxford University Press, 1986.

primeiras instituições dedicadas ao estudo da bioética, Callahan influenciou profundamente o campo com suas ideias sobre a necessidade de uma medicina mais sustentável e ética. Em sua obra *Setting Limits: Medical Goals in an Aging Society with Response to my Critics [definindo limites: metas médicas em uma sociedade em envelhecimento, com resposta aos meus críticos]*, Callahan argumenta que a medicina deve reconhecer suas limitações e se concentrar em melhorar a qualidade de vida em vez de prolongar indefinidamente a existência.[18] Outra contribuição significativa é *What Price Better Health? Hazards of the Research Imperative [qual é o preço de uma saúde melhor? Perigos do imperativo da pesquisa]*, em que ele questiona o imperativo da pesquisa e os riscos éticos associados à busca incessante por avanços médicos.[19] Callahan também abordou temas como a justiça na saúde e a distribuição equitativa dos recursos médicos, propondo que a sociedade deve fazer escolhas difíceis sobre onde e como investir na saúde pública. Suas contribuições continuam a desafiar e a inspirar o campo da bioética, promovendo um diálogo crítico sobre os valores e objetivos da medicina contemporânea.

Robert M. Veatch é um renomado bioeticista cujas contribuições significativas moldaram o campo da bioética, especialmente no que diz respeito à ética médica e à relação entre médico e paciente. Em sua obra seminal *A Theory of Medical Ethics [uma teoria da ética médica]*, Veatch desafia os modelos tradicionais de tomada de decisão médica, defendendo uma abordagem baseada em contratos e na igualdade de poder entre médicos e pacientes.[20] Ele argumenta que a prática médica deve ser guiada por princípios de autonomia, justiça e transparência, promovendo uma relação mais equitativa e colaborativa. Outro trabalho importante, *Transplantation Ethics [a ética dos transplantes]*, coescrito com Lainie F. Ross, explora as complexas questões éticas relacionadas aos transplantes de órgãos, oferecendo uma análise detalhada sobre

[18] Cf. CALLAHAN, Daniel. *Setting Limits: Medical Goals in An Aging Society with Response to my Critics*. Washington, D.C.: Georgetown University Press, 1995.

[19] Cf. CALLAHAN, Daniel. *What Price Better Health? Hazards of the Research Imperative.* Berkeley: University of California Press, 2003.

[20] Cf. VEATCH, Robert M. *A Theory of Medical Ethics.* New York: Basic Books, 1981.

a alocação justa de recursos escassos e os conflitos morais envolvidos.[21] Veatch também é conhecido por suas críticas ao paternalismo médico, enfatizando a importância do consentimento informado e do respeito pela autonomia do paciente.[22] Suas contribuições têm sido fundamentais para a evolução das práticas éticas na medicina, influenciando políticas de saúde e educação médica em todo o mundo.

A bioética é um campo dinâmico e multifacetado que aborda uma ampla gama de temas essenciais para a prática médica e a pesquisa biomédica. Entre os temas mais discutidos estão a integração entre ciência e ética, a sustentabilidade global, e a saúde pública. O princípio de que o conhecimento científico deve ser harmonizado com valores éticos é central para enfrentar os desafios globais. A estrutura ética baseada nos princípios de autonomia, beneficência, não-maleficência e justiça fornece uma base prática e universal, não totalizante, para a resolução de conflitos éticos, guiando a prática médica de maneira sistemática e aplicável.

Outros temas cruciais incluem os limites da medicina, a ética no envelhecimento, e a justiça na distribuição de recursos de saúde. A necessidade de uma medicina sustentável, focada na qualidade de vida e no reconhecimento das limitações, é enfatizada, juntamente com a importância da equidade e da transparência na relação médico-paciente. A crítica ao paternalismo médico e a defesa do consentimento informado são fundamentais para promover uma prática mais justa e humana. Questões específicas como a ética dos transplantes de órgãos também são abordadas, destacando a justiça e a alocação equitativa de recursos. Ainda que nem todos esses temas sejam abordados nos capítulos desse livro, eles refletem a diversidade e a profundidade da bioética, promovendo um diálogo contínuo que busca uma prática médica e de pesquisa mais ética e responsável.

---

[21] Cf. VEATCH, Robert M.; ROSS, Laine F. *Transplantation Ethics*. Washington, D.C.: Georgetown University Press, 2000.

[22] Cf. VEATCH, Robert M. *Bioética*. São Paulo: Pearson, 2014.

I

Um relato sobre a bioética dos pioneiros

Giovanni Russo[23]

Quem são e por que esses pioneiros

Desde aquela primeira publicação de Van Rensselaer Potter, *Bioethics: The Science of Survival [bioética: a ciência da sobrevivência]*, em que o neologismo "bioética" foi proposto, se passaram vinte e cinco anos, um quarto de século.[24] O termo tornou-se bem estabelecido e não apenas em publicações científicas, mas mais

[23] [N. do T.] Giovanni Russo (1963-) é sacerdote salesiano e professor titular de bioética no Instituto Teológico Santo Tomás, vinculado à Università Pontificia Salesiana. É o atual diretor da Scuola Superiore di Specializzazione in Bioetica e Sessuologia, do Istituto Teologico San Tommaso, em Messina, Itália. É autor e organizador de várias publicações, dentre as quais, se detaca: *Bioetica fondamentale e generale* (Società Editrice Internazionale, 1995); *Bilancio di venticinque anni di bioética: um rapporto dai pionieri* (Editrice Elledici, 1997); *Bioetica ambientale* (Editrice Elledici, 1998); *Bioetica della sessualità, della vita nascente e pedietrica* (Editrice Elledici, 1999); *Bioetica sociale* (Editrice Elledici, 1999); *Bioetica medica: per medici e professionisti della sanita* (Editrice Elledici, 2009); *Nuova enciclopedia di bioetica e sessuologia* (Editrice Elledici, 2018); *Bioetica in Dialogo: Fondamenti e Testi* (2024). Em português: *Educar para a bioética: pela escola, pela catequese, pela pastoral da juventude* (Vozes, 1997); *Bioética em diálogo com os jovens* (Paulus, 2010).

[24] Cf. POTTER, Van Rensselaer. Bioethics: The Science of Survival. *Perspectives in Biology and Medicine*, v. 14, n. 1, 1970, p. 127-153. Disponível em: https://muse.jhu.edu/article/405198.

geralmente em um nível cultural, nas redes sociais mais populares, em debates sociais animados e na legislação de cada nação.[25] A bioética agora é um *fenômeno cultural*. E todos os cinco continentes são protagonistas.[26]

"Pioneiro" é geralmente considerado alguém que abre um novo caminho, alguém que passa a propor e disseminar uma ideia, um progresso, na exploração de um novo campo de pesquisa. Os pioneiros da bioética, como qualquer outro pioneiro, não podem se considerar aventureiros em busca de novidades, pesquisadores de novas modas para se promoverem, proponentes de uma velha ética médica que reflete sobre os novos problemas e novas fronteiras que os avanços da pesquisa biomédica colocam.

Se a bioética é hoje um fenômeno cultural que abrange todo o planeta, é extremamente importante captar as indicações de quem marcou os primeiros passos e as primeiras escolhas. O que pretendiam fazer ao propor a bioética? O que os animou? Quais itinerários conceituais e de pensamento identificaram a abordagem pessoal dos pioneiros da bioética? Todas essas questões convergem em uma única questão: qual é o "paradigma" da bioética dos pioneiros? Ou seja, que modelo de bioética eles trouxeram e continuam realizando.

Depois de vinte e cinco anos de bioética [e agora em seu cinquentenário] (desde o surgimento do neologismo de Potter), é essencial fazer um *balanço*. E os pioneiros da área são as melhores pessoas para isso. Achamos oportuno deixar alguns

---

[25] Excelente documentação neste sentido pode ser encontrada no estudo de: REICH, Warren Thomas. Il termine "bioética": nascita, provenienza, forza. *Itinerarium*, v. 2, n. 3, 1994, p. 33-71.

[26] As referências históricas podem ser encontradas em nosso volume recente: RUSSO, Giovanni (a cura di). *Storia della bioetica: le origini, il significato, le istituzioni*. Roma: Armando Editore, 1995. Uma nota bibliográfica sobre bioética é impossível devido à vastidão das publicações. Referimo-nos ao volume acima mencionado para uma bibliografia histórica, enquanto para uma referência bibliográfica geral pode-se consultar o índice anual da *Bibliography of Bioethics*, publicado pelo Kennedy Institute of Ethics sob a direção de Leroy Walters. [N. do T.] *Bibliography of Bioethics* foi um índice anual de documentos da área da bioética. Foi publicado anualmente de 1975 a 2009. A compilação da *Bibliography*, sob a direção editorial de LeRoy Walters, foi indiretamente apoiada por uma série de bolsas da Biblioteca Nacional de Medicina dos EUA. A sua compilação cessou em 2010 com o término desse apoio.

representantes e pioneiros estadunidenses bem conhecidos – depois de tantas interpretações audaciosas de estudiosos que tratam do assunto – falarem sobre o tipo de bioética que pretendiam propor à comunidade científica, sobre a situação atual e o futuro da bioética.

Escolhemos sete pioneiros que se destacam no debate internacional, apesar da heterogeneidade de suas abordagens. Os Estados Unidos, com meios adequados, difundiram a bioética que hoje é objeto de vividos confrontos sociais e interculturais em todo o mundo. *As suas concepções nem sempre são aceitáveis*: pessoalmente, não compartilhamos muitos dos conteúdos individuais das teorias éticas desses pioneiros. Nossa escolha é motivada pelo que eles representam na história da bioética e por um desejo positivo de diálogo. Além disso, persiste considerável confusão na Itália na interpretação do papel deles no debate bioético. Portanto, parecia apropriado não apenas fazer os próprios pioneiros tentarem elaborar uma avaliação, mas também deixar clara sua posição após vinte e cinco [cinquenta] anos de atividade.

Van Rensselaer Potter (Dakota do Sul, 27 de agosto de 1911, Madison, Wisconsin, 06 de setembro de 2001), na origem da palavra bioética e por muitos considerado o seu fundador, salientou uma ideia de bioética que se diferenciou daquela que se estabeleceu em todo o planeta graças às iniciativas do *Kennedy Institute of Ethics* e do *The Hastings Center*. Antes de Potter, a bioética não existia nem como termo nem como disciplina, muito menos existiam instituições que se dedicavam a estudá-la. Ele chegou à bioética por meio de estudos no campo da sobrevivência, iniciados em 1962, embora tenha apontado que o neologismo "bioética" repentinamente saltou em sua mente no final dos anos 1960 como um *eureca feeling*. Potter publica os primeiros resultados desses estudos em dois artigos de 1970, fazendo expressamente surgir o neologismo.[27] Esses foram estudos sobre a muito discutida sobrevivência

[27] Veja-se o artigo já mencionado: POTTER, Van Rensselaer. Bioethics: The Science of Survival. *Perspectives in Biology and Medicine*, v. 14, n. 1, 1970, p. 127-153. Disponível em: https://muse.jhu.edu/article/405198. E o artigo seguinte: POTTER, Van Rensselaer. Biocybernetics and Survival. *Zygon: Journal of Religion & Science*, v. 5, n.

da espécie humana e a ainda mais controversa sobrevivência de nações e das culturas. Seu objetivo era identificar e promover a mudança "ambiental" ideal e a adaptação humana ideal naquele ambiente, de modo a apoiar e promover um mundo civilizado. Para tanto, Potter se propôs a buscar um conhecimento capaz de avaliar a adaptação evolutiva, fisiológica e cultural, precisamente a bioética.

Warren Thomas Reich (1931-2023), teólogo, editor do primeiro trabalho de síntese da bioética, a saber, a *Encyclopedia of Bioethics*, em cinco volumes (primeira edição: 1978; segunda edição: 1995).[28] Ele foi e é pesquisador sênior do Kennedy Institute of Ethics da Georgetown University, professor de bioética no Departamento de Medicina da Família e diretor do Departamento de Saúde e Humanidades do Centro de Bioética Clínica da mesma universidade. Reich se destacou por seu desejo de dar uma estrutura epistemológica orgânica à nova disciplina, por salientar o paradigma da experiência e por seus estudos sobre as origens históricas da bioética.

Edmund Daniel Pellegrino (1920-2013), médico, filósofo da medicina universalmente respeitado, corretamente considerado entre os pioneiros da bioética, o mais destacado na gênese e organização acadêmica da bioética na Georgetown University.[29] Seu destaque foi tal que recebeu a atribuição, pelas autoridades de Georgetown, de um centro que inclui todos os centros de ética da universidade, incluindo o Kennedy Institute of Ethics: estamos falando do *Center for the Advanced Study in Ethics*, inaugurado em setembro de 1989. O Dr. Pellegrino também é coordenador do *Center for Clinical Bioethics* na faculdade de medicina. Ele é um proponente do paradigma das *virtudes*. Enfatiza a atenção à experiência e ao sujeito como uma personalidade moral. A ênfase é

3, 1970, p. 229-246. Disponível em: https://doi.org/10.1111/j.1467-9744.1970.tb00190.x.

[28] [N. do T.] A terceira edição da *Encyclopedia of Bioethics*, em 2004, recebeu um novo editor: Stephen Garrard Post. Já a quarta edição, em 2014, teve uma alteração no nome, passando a ser denominada apenas por *Bioethics*, cujo editor é Bruce Jennings.

[29] Bioethics at Georgetown School of Medicine and the Kennedy Institute of Ethics. *Georgetown Medical Bulletin*, v. 37, 1984, p. 2-5.

colocada na experiência e na personalidade de quem age mais do que no ato em si, ou nos princípios.

Hugo Tristram Engelhardt Jr. (1941-2018), formado em medicina e filosofia, professor do Baylor College em Houston (Texas), é particularmente conhecido por seu paradigma "secular" de bioética.[30] Junto com Brody, publicou um manual de casos de bioética que teve algum sucesso nos Estados Unidos.[31] Junto com o jesuíta Wildes, dirige a revista "Christian Bioethics". Seu livro sobre os fundamentos da bioética[32] suscitou reações universais ao seu sistema de pensamento filosófico (contratualista) que faz a pessoa coincidir com suas operações. Na base de sua visão está o princípio de que se deve qualificar como uma pessoa que demonstra empiricamente possuir as características. Agora, de acordo com Engelhardt, a partir da observação dos fatos parece que as características das pessoas são essencialmente três: a autoconsciência, a racionalidade e o senso moral, pelo menos em um grau mínimo. Portanto, se um ser pertencente à espécie humana não mostrar que atualmente possui essas três características, mesmo sendo um ser humano, não é uma pessoa.

Tom Lamar Beauchamp (1939-2025), filósofo do Kennedy Institute of Ethics, estruturou, junto com James Franklin Childress, o paradigma mais conhecido e debatido da bioética: o "principialismo". Nesse paradigma, os princípios normativos no campo da bioética são estabelecidos de acordo com a prática biomédica. Encontramo-nos a abraçar conceitos "contratualistas" baseados em um acordo básico sobre determinados princípios e normas que podem ser partilhados através da estipulação de um contrato ou do equilíbrio dos deveres em questão. Os princípios da bioética são quatro: o respeito pela autonomia (*respect for autonomy*), a beneficência (*beneficence*), a não maleficência (*non-maleficence*) e a

[30] Veja-se, sobretudo: ENGELHARDT, JR., Hugo Tristram. *Bioethics and Secular Humanism: The Search for a Common Morality.* London: SCM Press and Trinity Press International, 1991.

[31] Cf. BRODY, Baruch A.; ENGELHARDT, JR., Hugo Tristram. Bioethics: Readings & Cases. Englewood Cliffs, N.J.: Prentice-Hall, 1987.

[32] Cf. ENGELHARDT, JR., Hugo Tristram. *Foundations of Bioethics.* Oxford: Oxford University Press, 1986. [N. do T.] Tradução brasileira: *Fundamentos da bioética.* São Paulo: Loyola, 1998.

justiça (*justice*). Esses quatro princípios são interpretados e justificados no contexto de dois tipos de teorias éticas: a teoria utilitarista e a teoria deontológica.

Daniel John Callahan (1930-2019), fundador do *The Hastings Center*, que pode ser considerado o lugar onde foi lançada a primeira pedra [fundamental] na construção da bioética. Quando Potter, em 1971, publicou o seu livro *Bioética: Ponte para o Futuro*, por trás do Hastings Center já havia alguns anos de experiência organizacional e engajamento ativo, mais no lado social e político do que no lado acadêmico. Callahan, graças à revista "Hastings Center Report", difundiu a bioética pelo mundo todo.

Por fim, *Robert M. Veatch* (1939-2020), diretor do Kennedy Institute of Ethics, teólogo e farmacologista, começou suas atividades de pesquisa no Hastings Center. Ele publicou muitos volumes e ensaios no campo da bioética médica. Particularmente conhecidos são seus estudos, principalmente direcionados aos aspectos sociais e de justiça da bioética. Seus livros *A Theory of Medical Ethics* e *The Foundations of Justice*, agora são clássicos, assim como seus estudos sobre morte e eutanásia: *Death, Dying, and the Biological Revolution*.[33]

A bioética hoje

A bioética tem provocado o pensamento de todas as culturas, ideologias e religiões, envolvendo disciplinas humanas e experimentais, estimulando, sim, uma reflexão científica *convergente*, quase uma "ponte" que encurta a distância entre os dados das ciências experimentais e os dados das ciências humanas, entre elementos bio-experimentais e elementos sócio antropológicos.[34]

[33] Cf. VEATCH, Robert M. *A Theory of Medical Ethics*. New York: Basic Books, 1981; VEATCH, Robert M. *The Foundations of Justice*. Oxford: Oxford University Press, 1986; e, VEATCH, Robert M. *Death, Dying, and the Biological Revolution: Our Last Quest for Responsibility*. New Haven: Yale University Press, 1976.

[34] Já no primeiro livro de bioética estava presente a instância "ponte" (*bridge*): POTTER, Van Rensselaer. *Bioethics: Bridge to the Future*. Englewood Cliffs, N.J.: Prentice-Hall, 1971. [N. do T.] Tradução brasileira: *Bioética: ponte para o futuro*. São Paulo: Loyola, 2016.

O problema, que remonta a Galileu, da relação entre ciência e humanismo, encontrou outra boa fórmula para a construção da ponte. Certamente, a bioética deu lugar a um diálogo fecundo e sem precedentes entre diferentes culturas, diferentes racionalidades, diferentes ciências.[35]

Além disso, a bioética questiona os critérios de validade dos modelos de saúde e qualidade de vida baseados exclusivamente na medicina. Modelos que inevitavelmente caíram em uma lista restrita de problemas desconectados e não orgânicos, ou em uma série de argumentos sobre esses problemas. Foi uma *medicalização* de todo o campo da vida. A bioética, por outro lado, efetuou uma mudança de paradigma: uma mudança do enfoque puramente médico para o enfoque global, canalizando a discussão para a promoção do todo. Assim, a saúde e o bem-estar psicofísico humanos foram colocados no quadro mais amplo da qualidade de vida dos ecossistemas, tanto biológico quanto antropológico.

Várias definições de bioética surgiram.[36] A definição mais estabelecida é a de Warren T. Reich na primeira edição da *Encyclopedia of Bioethics*: "o estudo sistemático da conduta humana na área das ciências da vida e da saúde, examinada à luz dos

[35] É nesse sentido a avaliação da bioética feita por João Paulo II no nº 27 da encíclica *Evangelium vitae*: "com o nascimento e o desenvolvimento cada vez mais difundido da *bioética*, incentiva-se a reflexão e o diálogo – entre crentes e não crentes, bem como entre crentes de religiões diversas – sobre problemas éticos, mesmo fundamentais, que afetam a vida humana". A típica edição italiana do documento é: *Lettera Enciclica Evangelium Vitae del Sommo Pontefice Giovanni Paolo II ai Vescovi, ai Presbiteri e ai Diaconi, ai religiosi e alle religiose, ai fedeli laici e a tutte le persone di buona volontà sul valore e l'inviolabilità della vita umana*, 25 de março de 1995, suplemento ao *L'Osservatore Romano*, nº 76, de 31 de março de 1995, p. 191. Um comentário sobre este documento encontra-se em: RUSSO, Giovanni (a cura di). *Evangelium vitae: comento all'enciclica sulla bioetica.* Torino: Elledici, 1995.

[36] Filosofia da pesquisa e da prática biomédica (Elio Sgreccia); setor da ética que estuda os problemas inerentes à proteção da vida física e em particular às implicações éticas das ciências biomédicas (Salvino Leone); ética aplicada a novos problemas que se desenvolvem nas fronteiras da vida (Corrado Viafora); a ética como particularmente relacionada aos fenômenos da vida orgânica do corpo, da geração, do desenvolvimento, da maturidade e da velhice, da saúde, da doença e da morte (Uberto Scarpelli); a ciência sistemática do ser humano ético que investiga as áreas da tecnogênese do mundo biológico (Giovanni Russo). Para a documentação dessas definições, nos referimos ao nosso livro, já mencionado: RUSSO, Giovanni (a cura di). *Storia della bioetica: le origini, il significato, le istituzioni.* Roma: Armando Editore, 1995, a partir da página 8.

valores e princípios morais".[37] Esta definição é caracterizada por três elementos:

i) *Um estudo "sistemático" da conduta humana.* Em outras palavras, um estudo pensado cientifica e organicamente que expõe os conceitos, ordenando-os logicamente; a composição científica de vários elementos em um todo unitário. Um estudo sistemático é uma construção lógica, orientada pelo pensamento, ligada por uma restrição de coerência interna para alcançar um resultado científico em um determinado campo de pesquisa. É um estudo que vê o campo de pesquisa como um todo interconectado, segundo o círculo hermenêutico que se desenvolve a partir da centralidade do ser humano, e que se realiza e se mantém segundo uma unidade interna diferenciada. Portanto, uma organicidade do pensamento que se concretiza em diferentes formas, cada uma delas relacionada com o todo. Nesse sentido, a sistematicidade não leva à exclusão, mas sim, à colaboração mútua, porque a ordem sistemática, mais do que de um ser humano ou de uma ideologia, é obra do gênero humano, na qual vive e enquanto viver. A bioética é um estudo sistemático no sentido de que pensa seu campo de problemas segundo uma configuração lógica interna que apenas o campo ético, ou apenas o biológico, não seria capaz de configurar adequadamente. É exatamente essa "natureza sistemática" da pesquisa que faz da bioética um estudo interdisciplinar unitário e orgânico.[38]

ii) *Na área das "ciências da vida" e das "ciências da saúde".* A área das "ciências da vida" (*life sciences*) é uma área que inclui, em uma visão global e interdisciplinar, o estudo da promoção da qualidade de vida dos seres humanos e dos ecossistemas. O campo das ciências da vida é, portanto, o campo da *bios*, um campo em contínua transformação e evolução. As ciências da vida, trabalhando sobre a "saúde" do cosmos e da vida, incluem as ciências da saúde e as ciências ecológicas, e, portanto, não excluem a reflexão ética

37 REICH, Warren Thomas. Introduction. *In:* REICH, Warren Thomas (ed.). *Encyclopedia of Bioethics.* New York: Free Press, 1978, p. xix.

38 "Ninguém tenta estabelecer uma ciência sem ter uma ideia por fundamento" (KANT, Immanuel. *Crítica da razão pura.* Lisboa: Fundação Calouste Gulbenkian, 2001, p. 658 (KrV A 824 B 862).

e antropológica. Com efeito, por este último aspecto – o *ethos* –, as ciências da vida são entendidas (em particular na área anglo-saxônica) como ciências de caráter antropológico e muitas vezes utilizadas como sinônimo do termo bioética ou ética da vida e da saúde. Daniel Callahan, fundador e diretor do Hastings Center, não se adaptou muito bem ao termo bioética, e, desde o início, preferiu as "ciências da vida" como mais adequado à sua área de interesse.[39] Sem dúvida, a área das "ciências da vida" e das "ciências da saúde" está para a bioética no sentido de uma visão global e compreensiva de todos os problemas éticos no campo da vida e da saúde. Uma área que, em última instância, atua tanto no campo "biomédico" quanto no campo "ambiental" para promover qualidade de vida.

iii) *À luz dos "valores" e "princípios morais"*. É importante apreender corretamente o que Reich quer dizer com esses termos, uma vez que o debate sobre o principialismo preencheu a definição de uma semântica que não lhe pertence. O próprio Reich, a esse respeito, afirma:

> a palavra "princípios" nesta definição não deve ser tomada no sentido de princípios éticos (como autonomia, beneficência e justiça) que mais tarde se tornaram dominantes no campo. Em busca de um termo que refletisse a ampla gama de fontes e normas do conhecimento moral (não restritivo, por exemplo, aos modos de raciocínio deontológico/consequencialista, dominantes na época), optei, portanto, por seguir o conselho do filósofo Philip Wiener, que foi consultor no projeto

[39] Warren T. Reich, em pesquisa recente sobre a origem do termo bioética, relata a esse respeito: "Daniel Callahan, que foi um pioneiro, líder e pensador no campo da ética das ciências da vida desde a abertura do Hastings Center em setembro de 1970, a respeito do surgimento da palavra bioética desde os anos 1970, me disse em 1992: "Definitivamente nunca quis usar o termo bioética [...] nas minhas publicações [...]". Dizia preferir os termos "sociedade, ética e ciências da vida", que são formas mais adequadas para um tom contemporâneo da ética; mas ele provavelmente abandonou esse termo como algo complicado" (REICH, Warren Thomas. Il termine "bioética": nascita, provenienza, forza. *Itinerarium*, v. 2, n. 3, 1994, p. 52). Reich traz como documentos dessas declarações: CALLAHAN, Daniel. Carta ao Dr. W. T. Reich, de 31 de agosto de 1992. Ele também diz que isso foi confirmado por Robert Veatch, que acredita que ninguém no Hastings Center usou a palavra bioética durante os primeiros cinco anos (Entrevista de W. T. Reich com Robert M. Veatch, de 24 de agosto de 1992).

de preparação da enciclopédia. Ele aconselhou que minha definição usasse a palavra "princípios" no sentido de fontes (de moralidade).[40]

Se esta é a definição mais aceita, como disciplina científica, deve-se acrescentar que a clareza dos conteúdos e do objeto dos diversos problemas que vêm sob o nome de bioética não tem correspondido, nestes vinte e cinco anos, à mesma clareza dos estudos epistemológicos para desenvolver tal definição de bioética. Queremos dizer que os manuais e os textos de bioética trataram principalmente dos "conteúdos" do tema em questão (as biotecnologias na área médica e da saúde, a procriação artificial, a engenharia genética, os transplantes de órgãos, a eutanásia, a experimentação em humanos e animais, as tecnologias de ressuscitação, a AIDS, a responsabilidade pelos ecossistemas danificados, o planejamento urbano na promoção da qualidade de vida etc.). E isso, sobretudo, pelo pragmatismo de raízes estadunidenses, que aborda a bioética a partir de problemas concretos da prática da saúde.

Por outro lado, tem-se dado pouca atenção à reflexão epistemológica sobre os fundamentos da disciplina, ou seja, sobre os fundamentos teóricos da argumentação bioética. A definição de Reich, por exemplo, e o auxílio de sua enciclopédia deram origem a uma bioética chamada "interdisciplinar", mas essa interdisciplinaridade, por meio da análise das várias disciplinas que contribuem para sua fundação, ainda não foi estudada. Daí o surgimento de graves problemas teóricos dentro da bioética. Aqui surge o problema do fundamento ético em bioética, dos paradigmas da bioética, do principialismo de Beauchamp & Childress, da abordagem pela virtude, do modelo experiencial e do personalismo católico. E, com isso, pretendemos destacar que, neste quarto de século, a abordagem baseada em casos e problemas particulares tem levado ao descaso de uma bioética *fundamental e geral*.[41]

---

[40] REICH, Warren Thomas. Il termine "bioética": nascita, provenienza, forza. *Itinerarium*, v. 2, n. 3, 1994, p. 68, nota 104.

[41] Um extenso manual a esse respeito foi publicado por nós: RUSSO, Giovanni (ed.). *Bioetica fondamentale e generale*. Torino: SEI, 1995.

Avaliação histórica das origens da bioética

Uma avaliação histórica do desenvolvimento, em vinte e cinco anos, de uma realidade cientificamente complexa e politicamente internacional como a bioética é uma tarefa muito difícil e, em alguns aspectos, pode parecer uma operação arriscada. Mas, uma realidade que agora assume os contornos de um fenômeno de longo alcance, que envolve todas as culturas e povos, e que agora é um *fenômeno cultural*, não pode se furtar de um juízo avaliativo. Afinal, é verdade, como gostava de salientar Leopardi, que a cultura pode trazer ao ser humano uma infelicidade muito maior do que as alegrias que ele procura, não podemos fugir dessa tarefa. Em uma área como a da bioética, não se pode ignorar o perigo emergente – bem sublinhado por João Paulo II – de forças culturais a favor da "cultura da morte".[42]

Como fenômeno cultural, a bioética experimentou uma institucionalização acadêmica e social de dimensões consideráveis.[43] Nossa avaliação histórica será baseada fundamentalmente nos movimentos que antecederam a bioética ("pré-história"), no trabalho dos pioneiros e em algumas instituições piloto que tiveram particular relevância no desenvolvimento. Queremos, portanto, partir da avaliação de um dado "pré-histórico" da bioética para chegar aos nossos dias.

[42] Veja-se: PAOLO II, Giovanni. *Lettera Enciclica Evangelium vitae del Sommo Pontefice Giovanni Paolo II ai Vescovi, ai Presbiteri e ai Diaconi, ai religiosi e alle religiose, ai fedeli laici e a tutte le persone di buona volontà sul valore e l'inviolabilità della vita umana*, 25 de março de 1995, nº 100. Veja-se também: nº 50, 64, 87.

[43] Foram editados dois catálogos de centros e institutos de bioética acadêmicos e não acadêmicos: NOLEN, A. L.; CARRINGTON COUTTS, M. (eds.). *International Directory of Bioethics Organizations.* National Reference Center for Bioethics Literature. Washington, D.C., 1993. Muito mais preciso é o serviço do lado europeu, coordenado pelo juiz francês Christian Byk em colaboração com a Association Européenne des Centres d'Éthique Medicale: *Inventaire Eurepéen des Acteurs de la Bioéthique: Annuaire Européen de Bioéthique 1995 – European Inventory of People and Institutions in Bioethics: Eurupean Directory of Bioethics 1995*, Association Descartes, Paris, 1995. Há também um catálogo de instituições italianas, editado pelo Departamento de Medicina e Ciências Humanas do Instituto Científico H. San Raffaele de Milão, sob a direção do Prof. Paolo Cattorini.

i) *Uma avaliação da "pré-história"*. O fenômeno histórico e cultural da bioética, embora não coincida *pura e simplesmente* com os movimentos anteriores da ética médica ou da filosofia da medicina ou da deontologia médica, teve sua própria "pré-história". Os fenômenos culturais e científicos não surgem do nada: geralmente são fruto de um processo de insuficiência e trabalho, da busca de caminhos que conduzam os dados já conhecidos a um outro caminho. O progresso científico avança gradualmente e em harmonia com os dados recebidos.

A ideia de uma "pré-história" da bioética irritou os bieticistas seculares (como optaram por se chamar na Itália aqueles que não se reconhecem na bioética cristã), justamente porque marcaria uma "continuidade" da bioética com a moralidade tradicional (católica), que eles gostariam de ver em declínio.[44] Segundo a posição secular, o termo "bioética" teria tido sorte e se espalhado com força irresistível justamente porque, ainda que inconscientemente, conseguiu indicar um "distanciamento" cultural da moralidade tradicional, permitindo um novo controle da realidade.[45]

Em nossa opinião, a ideia de uma "ruptura" com a moral tradicional dos bioeticistas seculares não se abre ao diálogo. Não pode haver diálogo se a bioética católica for chamada a renunciar a sua própria tradição, a "romper" com o passado. Também não podemos buscar uma convergência de visões sobre alguns problemas bioéticos ou sobre alguns caminhos da bioética se uma das partes for chamada a abdicar. O pluralismo nos compromete com o respeito mútuo. O debate sobre a bioética na Itália não pode continuar a assumir a forma de uma "guerra de religiões".

---

[44] Referimo-nos em particular ao debate italiano, estimulado por Maurizio Mori. Veja-se: MORI, Maurizio. La bioetica: che cos'è, quand'è nata, e perché. Osservazioni per um chiaramento della "natura" della bioetica e del dibattito italiano in materia. *Bioetica,* v. 1, 1993, p. 115-143; MORI, Maurizio. Sulla natura e sulla storia della bioetica: uma replica al Dipartimento di medicina e scienze umane del S. Raffaele. *Bioetica,* v. 2, 1994, p. 346-370. Este último ensaio refere-se às observações feitas por Paolo Cattorini e pelas do S. Raffaele em Milão: CATTORINI, Paolo; et al. Sulla natura e le origini della bioetica. Uma risposta a Maurizio Mori. *Bioetica,* v. 2, 1994, p. 325-345.

[45] Cf. MORI, Maurizio. La bioetica: che cos'è, quand'è nata, e perché. Osservazioni per um chiaramento della "natura" della bioetica e del dibattito italiano in materia. *Bioetica,* v. 1, 1993, p. 121-126.

Felizmente, o diálogo inter-religioso nos Estados Unidos ou em países anglófonos ou na Alemanha não tem essa abordagem exclusivista. Além disso, só pode ser uma posição perdedora para a minoria secular, e, como um próprio estudioso secular da bioética avaliou, desengajada a ponto de ajudar os católicos.[46]

Parece-nos, pois, que embora a ideia de uma pré-história da bioética irrite os seculares, porque documentaria esta "continuidade" com a moral tradicional, não é possível, do ponto de vista histórico, não documentar este movimento "pré-histórico". Aliás, trata-se daquele movimento que se colocou em uma encruzilhada precisa, aquela em que houve a máxima expressão da ética médica no campo católico e, sobretudo, quando, nos anos do pontificado de Pio XII, a vida e seu significado biológico tiveram que lidar com certas orientações científicas sobre a psicologia sexual, sobre a inseminação artificial, sobre os crimes nazistas de experimentação e eutanásia.[47]

Alguns autores – incluindo o pioneiro da bioética Warren Thomas Reich – argumentaram que embora a bioética comece com Potter, um "movimento" dentro da cultura religiosa e filosófica lhe preparou o caminho. Ou seja, argumenta-se que a bioética nasceu e se desenvolveu a partir de uma evolução cultural ocorrida nos anos 1950. Teólogos morais católicos e protestantes concentraram suas reflexões (dando origem a um verdadeiro debate sobre as novas fronteiras da vida) em questões que convergiram na constituição dos dois conhecidos centros primordiais de bioética: o The Hanstings Center e o Kennedy Institute of Ethics. De fato, esses mesmos centros, em particular o segundo, foram estruturados desde o início com a contribuição de teólogos e filósofos morais, em particular Paul Ramsey (1913-1988), Bernhard Häring (1912-1998), Richard A. McCormick (1922-2000), Charles E. Curran (1934-), Stanley Martin Hauerwas (1940-), Roy Branson (1937-2015) e Josef Fuchs (1912-2005).[48] Os estudos de Devid F.

[46] Cf. NERI, D. Nuove vie per la bioetica italiana? Una critica di tre idee di bioetica. *Bioetica,* v. 2, 1994, p. 303-324.

[47] Cf. PIO XII. *Discorsi ai medici.* A cura di F. Angelini. Roma: Orizzonte Medico, 1959.

[48] Referências diretas a essas declarações podem ser encontradas em vários folhetos do Kennedy Institute of Ethics. A lista mais completa está em *The Joseph and*

Kelly[49] e Richard A. McCormick[50] comprovam amplamente a esse respeito. Reich argumentou, então, que na origem da bioética nos Estados Unidos havia um movimento de reação ao reducionismo e ao peso desumanizador do avanço técnico da ciência moderna que chegou ao julgamento de Nuremberg e às intervenções do magistério de Pio XII.[51]

ii) *A obra de Potter e de Hellegers.* A história da bioética nasceu propriamente com o nascimento da palavra "bioética". Uma história, portanto, que começou em 1970 com *Bioethics: The Science of Survival [bioética: a ciência da sobrevivência]* de Van Rensselaer Potter,[52] que neste artigo foi o primeiro a propor o neologismo. De maneira geral, há uma convergência quanto a prioridade de Potter sobre os outros em dar origem ao termo "bioética". Os poucos que disseram o contrário,[53] nunca apresentaram documentos anteriores ao artigo de Potter de 1970 ou ao seu livro que saiu no ano seguinte, em 1971.[54] A este respeito, Reich afirmou:

Rose Kennedy Institute for the Study of Human Reproduction and Bioethics, volume monográfico, Washington, D.C., 1974. Além disso, veja-se os relatos históricos do primeiro diretor do "Center for Bioethics" do Kennedy Institute of Ethics, Dr. LeRoy Walters, publicado em Bioethics at Georgetown School of Medicine and the Kennedy Institute of Ethics. *Georgetown Medical Bulletin*, v. 37, 1984, p. 2-68. Veja-se, em particular, as páginas 6-8 e 53-54, mas especialmente a página 6, sobre o papel do teólogo Paul Ramsey na fundação do Kennedy Institute of Ethics.

[49] Cf. KELLY, David F. *The Emergence of Roman Catholic Medical Ethics in North America: An Historical, Methodological, Bibliographical Study.* New York: Edwin Mellen Press, 1979.

[50] Cf. MCCORMICK, Richard A. *Salute e medicina nella tradizione Cattolica.* Torino: Edizione Camilliane, 1986. Outras referências também podem ser encontradas em *Bioethics Yearbook*, v. 1: *Theological Development in Bioethics (1988-1990).* Dordrecht: Kluwer Academic Publishers, 1991.

[51] Cf. REICH, Warren Thomas. La bioetica negli Stati Uniti. *In:* VIAFORA, Corrado (ed.). *Vent'anni di bioetica: idee, protagonisti, istituzioni.* Padova: Fondazione Lanza-Gregoriana, 1990, p. 143-175.

[52] Cf. POTTER, Van Rensselaer. Bioethics: The Science of Survival. *Perspectives in Biology and Medicine*, v. 14, n. 1, 1970, p. 127-153. Disponível em: https://muse.jhu.edu/article/405198.

[53] Por exemplo, a socióloga Renée C. Fox, que, embora afirme que não está claro quem cunhou o termo bioética, reconhece que Potter "reivindica o papel de criador do neologismo e do campo da bioética" (FOX, Renée C. Advanced Medical Technology: Social and Ethical Implications. *In:* FOX, Renée C. *Essays in Medical Sociology: Journeys into the Field.* New York: Transaction Books, 1988, p. 413, nota 1).

[54] POTTER, Van Rensselaer. *Bioethics: Bridge to the Future.* Englewood Cliffs, N.J.: Prentice-Hall, 1971. [N. do T.] Tradução brasileira: *Bioética: ponte para o futuro.* São Paulo: Loyola, 2016.

> Eu não encontrei nenhum uso do termo antes da época em que Potter inventou a palavra. Não tenho dúvidas de que foi Potter quem a usou pela primeira vez em uma publicação. A indubitável força heurística da palavra bioética é certamente parte integrante do legado de Potter [...]. Potter foi o primeiro a trabalhar com uma *disciplina* chamada bioética.[55]

As publicações de Potter sobre bioética não foram suficientemente consideradas, de modo que o conhecimento da ideia de bioética de Potter é muito pobre.[56] As razões para tal negligência são de ordem histórica. De fato, a bioética foi difundida pelo mundo pelo Kennedy Institute of Ehtics da Georgetown University, em Washington, D.C., onde o diretor André Hellegers havia levantado consideráveis fundos, privados e estaduais, e recursos universitários para investir neste novo campo. A bioética do Kennedy Institute of Ehtics é de domínio público, uma bioética com enfoque distintamente "médico". Hellegers encorajou a necessidade e a oportunidade de uma bioética médica nas agências governamentais e centros de ensaios clínicos. Ele se cercou de talentosos estudiosos da ética, das ciências biológicas e sociais que puderam desenvolver novos métodos interdisciplinares e publicações em bioética. E apoiou a criação de um programa acadêmico de bioética nas Faculdades de Filosofia e Medicina, para preparar novas competências científicas. O próprio Potter reconhece que não era o seu caso, que não contava com a estrutura institucional, acadêmica e financeira para apoiar sua abordagem bioética. Toda a sua existência foi dedicada ao estudo do campo da bioquímica e da pesquisa sobre o câncer.

As preocupações de Potter sobre a sobrevivência e a presença dos seres humanos na Terra, que começaram em 1962 e culminaram com a publicação de seu livro *Bioética: Ponte*

[55] REICH, Warren Thomas. Il termine "bioética": nascita, provenienza, forza. *Itinerarium*, v. 2, n. 3, 1994, p. 36; 37.

[56] Cf. RUSSO, Giovanni; POTTER, Van Rensselaer. L'idea originaria di bioetica. *Itinerarium*, v. 2, n. 2, 1994, p. 11-25.

para o Futuro, em 1971, incluíam uma visão da bioética que abrangia, de forma global, questões relativas ao futuro de toda a Terra e não apenas ao campo biomédico. Era uma bioética em que Potter tendia insistentemente a chamar a atenção para uma ética da terra (*land ethic*), uma ética da natureza (*wildlife ethic*), uma ética da população (*population ethic*) e uma ética do consumo de recursos (*consumption ethic*) em uma perspectiva internacional. Esse *enfoque global* da ideia de bioética como ciência da sobrevivência permaneceu marginal em relação à abordagem dada pelo Kennedy Institute of Ethics, e que se espalhou pelo mundo, restringindo o campo da bioética apenas ao *enfoque médico*.

Potter, com base nas intuições de Aldo Leopold,[57] vislumbrou claramente que a sobrevivência e a saúde humanas dependem da manutenção e promoção da saúde do ecossistema. Uma bioética global, como ciência da sobrevivência, deve ser capaz de definir o que é *certo* e o que é *errado* em termos de sobrevivência e proteção da biosfera. "Uma coisa é certa quando tende a preservar e proteger a integridade, a estabilidade e a beleza da comunidade biótica. É errada quando tende o contrário".[58] Uma bioética muito diferente daquela que se conhece hoje, principalmente voltada para as ciências médicas e as biotecnologias na área da saúde.

---

[57] [N. do T.] Aldo Leopold (1887-1948) foi um ecologista, engenheiro ambiental, filósofo ambiental, ambientalista e conservacionista estadunidense que impulsionou o desenvolvimento da ética ambiental contemporânea. Leopold é considerado o pai do manejo das áreas silvestres nos Estados Unidos. Trabalhou no serviço florestal e, mais tarde, foi professor na Universidade de Wisconsin.

[58] LEOPOLD, Aldo. *A Sand County Almanac, and Sketches Here and There.* Oxford: Oxford University Press, 1949. [N. do T.] A tradução do importante capítulo "a ética da terra", de Aldo Leopold, apareceu em: LEOPOLD, Aldo. A ética da terra. *In:* PESSINI, Leo; SGANZERLA, Anor; ZANELLA, Diego Carlos (orgs.). *Van Rensselaer Potter: um bioeticista original.* São Paulo: Loyola, 2018, p. 225-241. E, a tradução completa do almanaque de Aldo Leopold foi recentemente publicada no Brasil, veja-se: LEOPOLD, Aldo. *Almanaque de um condado arenoso e alguns ensaios sobre outros lugares.* Belo Horizonte: Editora UFMG, 2019.

Modelos e métodos de bioética: uma avaliação do pluralismo

A pluralidade de lugares e contextos culturais, de filosofias e teologias, de ideologias e economias do desenvolvimento deram origem a diferentes *paradigmas de bioética*. O problema dos paradigmas em bioética é o dos modelos de referência para a solução de argumentos bioéticos concretos. Quais sistemas de valores devem animar a discussão e resolução de um problema de bioética? Um paradigma é um sistema unificador e totalizante de crenças sobre a vida e sobre a história. É um ponto de referência do pensamento, um sistema de pensamento à luz do qual interpretar a vida e seu significado. Cada paradigma pode direcionar apenas para certos sistemas de valores, orientando normativamente situações existenciais que requerem escolhas de vida. Na bioética, o melhoramento, a promoção e a salvaguarda da qualidade de vida baseiam-se precisamente em paradigmas que constituem o primeiro e último fundamento do discernimento ético. Portanto, os paradigmas da bioética correspondem a certas filosofias de vida.

O problema dos paradigmas segue de perto o dos *métodos da bioética*, ou seja, com o problema do fundamento ético da bioética. Trata das concepções filosóficas que constroem um determinado raciocínio moral e a justificação dos respectivos julgamentos sobre os problemas individuais. É claro que a *maneira* de fazer a pergunta moral sobre os "casos" particulares é essencial para determinar a qualidade das respostas que são dadas a essa pergunta.[59] A questão das metodologias em bioética é uma questão de buscar justificativas éticas que deem sentido à própria história pessoal. Parece-nos que a história dos métodos da bioética deste quarto de século foi e é a história da "procura de sentido" da cultura contemporânea. A busca do sentido não é a busca pelo valor da *vida*, mas do *próprio sentido da vida*.

[59] Cf. MORDACCI, Roberto. Il dibattito sul método nella bioetica anglosassone (I): linee per un'analis critica. *Teologia*, v. 20, n. 1, 1995, p. 75-103.

Não se pode negar que a busca do sentido da vida, que atravessa a história e o caminho de cada ser humano e de cada cultura, está na origem do interesse pela bioética. A cultura pós-moderna orientou sua filosofia não para entidades abstratas ou dimensões especulativas, mas para uma cultura da história, entendida como cultura da qualidade de vida. O interesse pela bioética, mais do que pelos problemas que as biotecnologias colocam no campo da vida, é um interesse pelo pensamento, pela cultura, pela busca do sentido da história. A *questão bioética* é certamente uma questão de significado. O sentido mais profundo da bioética consiste, portanto, em ter dado sua consistência originária à busca perene do sentido da vida e da história.[60]

E chegamos, então, à consideração e avaliação dos principais paradigmas da bioética. Analisamos quatro deles: sacralidade-qualidade da vida, principialismo, experiência e virtude.

i) *Sacralidade da vida versus qualidade de vida.* Um primeiro modelo fundamental da bioética é aquele que visa resolver problemas à luz dos paradigmas da "sacralidade da vida", ou, no lado oposto, da "qualidade de vida". Por si só, esses dois paradigmas não devem ser lidos de forma antagônica, pois o paradigma da "sacralidade da vida" não exclui o da "qualidade de vida" e vice-versa. Se esses dois paradigmas foram apresentados de forma alternativa, isso depende das barreiras levantadas pelos dois representantes desses paradigmas: a bioética "confessional" de um lado, com a reflexão sobre a 'sacralidade da vida", e a bioética "secular", que fez do conceito de "qualidade de vida" um campo de batalha.

A posição de Maurizio Mori[61] no campo "secular" é talvez a mais representativa. A sua bioética pretende elaborar uma "nova" abordagem dos valores éticos no campo da vida,

[60] Gostaríamos de nos referir ao nosso livro: RUSSO, Giovanni. *Fondamenti di metabioetica cattolica.* Roma: Edizioni Dehoniane, 1993.

[61] [N. do T.] Maurizio Mori (1951-) é um filósofo e bioeticista italiano, professor de filosofia moral e bioética na Universidade de Turim e presidente da *Consulta di Bioetica Onlus*, uma associação cultural voluntária para a promoção da bioética secular. Entre suas diversas obras, destaca-se: *Utilitarismo e morale razionale: per una teoria etica obiettivista* (Giuffrè, 1986), *Manuale di bioetica: verso una civiltà biomédica secolarizzata* (Le Lettere, 2010), *Laici e cattolici in bioetica: storia e teoria di un confronto*

abandonando o princípio fundamental da ética tradicional, o da "sacralidade da vida". A bioética, na concepção de Mori, não se baseia em valores objetivos de vida, uma vez que a moralidade não se baseia na dignidade humana pré-estabelecida, mas em concepções pessoais dos indivíduos. Segundo Mori, não existe dignidade humana tão "sagrada" a ponto de estabelecer uma hierarquia de valores *a priori*, na medida em que dependem do fato da natureza humana. É o indivíduo que elabora a hierarquia de deveres em caso de conflito nas várias circunstâncias em que se encontra atuando. Portanto, não há lugar para um princípio de "sacralidade da vida". Em vez disso, existe o princípio da "qualidade de vida". Este último é o "viver bem" na busca da maximização do bem-estar (princípio utilitário) e no respeito à autonomia do indivíduo, em que não existam deveres que se vinculem por si mesmos, mas apenas deveres que existam na condição de não haver outros deveres que prevaleçam no contexto de certas situações contingentes. Portanto, em caso de conflito de deveres, é moralmente razoável, universalmente prescritível, recorrer à solução que propõe a opção "menos pior".

A abordagem bioética de Mori dá origem ao método da "comparação paralela", ou seja, ele apresenta e descreve diferentes soluções para o indivíduo, sem propor uma solução normativa. É o indivíduo quem escolhe.[62] E, no plano social, há deveres que admitem exceções em favor da utilidade social.

ii) *O principialismo.* Outro modelo de bioética, talvez o mais difundido, é aquele chamado dos "princípios": o *principialismo* de Beauchamp e Childress.[63] Nessa perspectiva, os princípios normativos no campo da bioética são estabelecidos de acordo

(Le Lettere, 2012). E, em português: *A moralidade do aborto: sacralidade da vida e o novo papel da mulher* (Editora UnB, 1997).

62 Para uma crítica dessa abordagem, veja-se: PALAZZANI, Laura. Dall'etica "laica" alla bioetica "laica": linee per un approfondimento filosofico-critico del dibattito italiano attuale. *Humanitas,* v. 46, 1991, p. 513-546.

63 Cf. BEAUCHAMP, Tom L.; CHILDRESS, James F. *Principles of Biomedical Ethics.* 4th ed. Oxford: Oxford University Press, 1994. Sobre a ética dos princípios, veja-se também: BEAUCHAMP, Tom L.; MCCULLOUGH, Laurence B. *Medical Ethics: The Moral Responsabilities of Physicians.* Englewood Cliffs, N.J.: Prentice-Hall, 1984; cf. CHILDRESS, James F. *Who Should Decide? Paternalism in Health Care.* Oxford: Oxford University Press, 1982.

com a prática biomédica. Encontramo-nos a abraçar conceitos "contratualistas" baseados em um *acordo* básico sobre determinados princípios e normas que podem ser partilhados através da estipulação de um *contrato* ou do equilíbrio dos deveres em questão.

Os princípios da bioética, estabelecidos por Beauchamp e Childress, são quatro: o respeito pela autonomia (*respect for autonomy*), a beneficência (*beneficence*), a não maleficência (*non-maleficence*) e a justiça (*justice*). Esses quatro princípios são interpretados e justificados no contexto de dois tipos de teorias éticas: a teoria utilitarista e a teoria deontológica. Uma deontologia pluralista, que admite mais deveres que devem ser equilibrados de acordo com as circunstâncias concretas para apreender o dever ou o princípio "emergente" (*overriding*) na situação. A interpretação utilitarista, então, prescreve o maior bem e o menor mal para o maior número de pessoas, na qual o bem e o mal são definidos com base no "agradável" e no "desagradável". A moralidade da ação depende das consequências não da ação isolada em si, mas da ação em relação a um "código geral" ou a um "sistema de regras" (*whole-code approach*) que se identificam com a maximização da utilidade social.

Clouser e Gert apontaram que falta ao principialismo uma teoria unificada e sistemática da qual os princípios derivam e que conecta os princípios entre si de uma forma harmoniosa e integrada:[64] essa falta está na origem do conflito entre os princípios, conflito que, segundo os autores, não possui solução. Na verdade, cada princípio não "resume" a teoria, mas oculta implicitamente várias teorias conflitantes: é uma espécie de "substituto" da teoria que se refere a diferentes teorias a serem explicadas.

iii) *O paradigma da experiência.* Em reação ao paradigma dos princípios de Beauchamp e Childress, Warren Thomas Reich estruturou um paradigma denominado de paradigma da *experiência*. A limitação do principialismo é que, ao enfatizar as características

[64] Cf. CLOUSER, K. Danner; GERT, Bernard. A Critique of Principlism. *The Journal of Medicine and Philosophy: A Forum for Bioethics and Philosophy of Medicine,* v. 15, n. 2, 1990, p. 219-236. Disponível em: https://doi.org/10.1093/jmp/15.2.219.

abstratas de uma ética *universal* (como os direitos, a igualdade, a dignidade), ele excluiu muito da experiência moral *particular* dos sujeitos morais envolvidos, como o vínculo particular vivido pelos pais, a amizade na vida profissional, a atitude das mulheres "para cuidar" etc. Em outras palavras, a riqueza, a variedade e a versatilidade da vida moral não podem ser classificadas no rígido esquema abstrato de princípios. A prioridade da experiência é reivindicada contra a abstração dos princípios.

Em contraste com o principialismo, que usa o raciocínio dedutivo, o paradigma baseado na experiência é mais indutivo por natureza. Seu ponto de partida não é a questão: qual é o nosso dever? Mas sim: *o que está acontecendo ao meu redor?* Em primeiro lugar, examina as percepções, os julgamentos e os comportamentos morais e considera que é tarefa da bioética interpretá-los. Consequentemente, esse paradigma dá amplo espaço à intuição e à imaginação.[65]

Como o paradigma da experiência envolve uma virada para o subjetivo, uma de suas principais tarefas é evitar o subjetivismo excessivo. Ele faz isso considerando a tarefa interpretativa como uma tarefa que depende do diálogo moral. A argumentação faz parte desse diálogo; ela intervém quando os princípios podem ser usados para ajudar a superar conflitos em uma sociedade pluralista. Desta forma, o novo paradigma que enfatiza a experiência moral não substituiu o paradigma anterior baseado em princípios. Mais apropriadamente, a bioética envolve ambas as abordagens.

Visto que a medicina se aprende e se aplica por meio de "casos", uma metodologia bioética baseada em casos paradigmáticos é muito útil no mundo da ética médica (*case studies*). A casuística é concebida como a arte de chegar a uma solução prática para dilemas morais particulares, sem depender das grandes tradições dos princípios morais. Seguindo o caminho indicado por Albert Rupert Jonsen e Stephen Edelston Toulmin (nova casuística), alguns autores, que se referem ao paradigma da experiência, estão

[65] Cf. REICH, Warren Thomas. Il paradigma bioetico basato sull'esperienza. *In:* RUSSO, Giovanni (ed.). *Bioetica fondamentale e generale*. Torino: SEI, 1995, p. 165-168.

agora acompanhando com mais vigor as implicações da casuística para a bioética.[66]

iv) *O paradigma baseado nas virtudes.* Remonta a Aristóteles (384-322 a.C.), Tomás de Aquino (1225-1274) e, hoje, Alasdair MacIntyre (1929-);[67] na ética médica, esse modelo remonta à tradição do próprio Hipócrates. A teoria das virtudes se espalhou entre os moralistas contemporâneos em correspondência com o abandono da teoria deontológica neokantiana e da teoria teleológica utilitarista.[68]

Também enfatiza a atenção à experiência e ao sujeito como personalidade moral. A ênfase é colocada na experiência e na personalidade de quem age mais do que no próprio ato, ou nos seus princípios. A questão central é: que tipo de pessoa eu deveria ser? Como eu devo me comportar para agir bem? No caso dos profissionais da medicina e da enfermagem, "sarar" e "curar" é sua atividade específica: se o médico e o enfermeiro "saram" e "curam", então, são "bons" (virtuosos) profissionais, pois sua ação atinge a finalidade específica e intrínseca à ação. As virtudes são, portanto, aqueles "traços de caráter" e personalidade do profissional, o que o torna um bom profissional.[69]

Edmund D. Pellegrino, estadunidense, é o representante mais forte dessa orientação.[70] Sem pessoas virtuosas, a ética

[66] Cf. HOFFMASTER, Barry; FREEDMAN, Benjamin; FRASER, Gwen (eds.). *Clinical Ethics: Theory and Practice.* Clifton, N.J.: Humana Press, 1989. Propusemos uma abordagem alternativa para a bioética clínica: RUSSO, Giovanni. *Le nuove fronteire della bioetica clinica.* Torino: Elledici, 1996.

[67] Cf. MACINTYRE, Alasdair. *After Virtue: Study in Moral Theory.* Notre Dame: University of Notre Dame Press, 1981. Veja-se também: TORRESANI, A. Morale: la virtù e dopo. *Studi Cattolici*, v. 352, 1990, p. 428-439. Nossa leitura crítica deste paradigma está em: RUSSO, Giovanni. *Educare alla bioética: per la scuola, la catechesi, la pastorale givanile.* Roma: Edizioni Dehoniane, 1994, p. 23 em diante.

[68] Cf. CONLY, Sarah. Flourishing and the Failure of the Ethics of Virtue. *In:* FRENCH, Peter A.; UEHLING, Theodore E.; WETTSTEIN, Howard K. *Midwest Studies in Philosophy*. V. XIII: Ethical Theory: Caracter and Virtue. Notre Dame: University of Notre Dame Press, 1988, p. 83-96.

[69] Cf. PALAZZANI, Laura. Paradigmi bioetici: princìpi, virtù, esperienza, personalismo. *In:* RUSSO, Giovanni (ed.). *Bioetica fondamentale e generale.* Torino: SEI, 1995, p. 157-164. Mais informações em: *Medicina e Morale*, v. 42, 1992, p. 59-86.

[70] Cf. PELLEGRINO, Edmund Daniel. The Virtuous Physician, and the Ethics of Medicine. *In:* SHELP, Earl E. (ed.). *Virtue and Medicine: Exploration in the Character of Medicine.* Dordrecht: Springer, 1985, p. 237-255. Veja-se também: PELLEGRINO, Edmund Daniel. Character, Virtue, and Self-Interest in the

profissional não pode ter sucesso, especialmente na profissão médica, pois a vulnerabilidade e a dependência do doente em relação ao médico significam que ele deve "confiar" (*trust*) não tanto em seus direitos quanto no tipo de pessoa que o médico "é".

Pellegrino acredita que a determinação das virtudes do médico (*virtuous physician*) está estritamente ligada à determinação do bem médico:[71] o médico virtuoso é, portanto, aquele que está "habitualmente disposto" a agir pelo bem do paciente. Essas "disposições habituais", ou virtudes, do médico são: a benevolência, a fidelidade à confiança, a compaixão, a empatia, a honestidade intelectual, a competência, a prudência. A própria escolha da profissão médica e de enfermagem implica uma "promessa pública" de agir para o bem do paciente: é uma espécie de "empreendimento moral" que implica a superação do egoísmo em servir aos outros de forma altruísta.

A bioética das virtudes, portanto, favorece o *bem do paciente*, ao invés da autonomia do paciente e da utilidade social. Sendo assim, por bem se entende: a) o bem clínico e biomédico; b) o bem percebido pelo paciente; c) o bem do paciente como pessoa humana capaz de escolhas racionais; d) o bem em um sentido subjetivo. Nesta base ética, Pellegrino propõe, portanto, a prioridade de considerar o bem do paciente em relação ao interesse pessoal do médico, a responsabilidade e o dever de garantir ajuda quando o paciente está em perigo e a importância no nível educacional da formação do caráter do médico.[72]

Neste ponto, após analisar esses modelos bioéticos, nos perguntamos como julgar a história dessas abordagens. Certamente, a comparação de paradigmas e métodos deu lugar a um *diálogo*

Ethics of Professions. *The Journal of Contemporary Health Law and Policy*, v. 5, n. 1, 1989, p. 53-73.

[71] Cf. PELLEGRINO, Edmund Daniel; THOMASMA, David C. *For the Pattient's Good: The Restoration of Beneficence in Health Care.* Oxford: Oxford University Press, 1988. [N. do T.] Tradução brasileira: *Para o bem do paciente: a restauração da beneficência nos cuidados da saúde.* São Paulo: Loyola, 2018.

[72] Cf. PALAZZANI, Laura. Paradigmi bioetici: princìpi, virtù, esperienza, personalismo. *In:* RUSSO, Giovanni (ed.). *Bioetica fondamentale e generale.* Torino: SEI, 1995, p. 157-164.

significativo entre teorias e confissões religiosas, abrindo também um debate interessante sobre o *pluralismo* em bioética.

i) *Sobre o diálogo.* Dissemos acima, sobre o diálogo, como o próprio João Paulo II na encíclica *Evangelium vitae*, que avaliamos a bioética como um lugar de diálogo significativo entre as visões filosóficas e teológicas. Devemos acrescentar, parece-nos, que nestes vinte e cinco anos de bioética, o debate sobre os métodos e os sistemas de valores tem se baseado não no simples diálogo como um "confronto aberto a todos", mas em um diálogo entendido como "vontade de compreender" as razões do outro. Uma regra de comparação imperativa ou básica quase sempre pareceu ser a da indispensabilidade do "dever de compreender o pensamento dos outros". Um dever quase absoluto.

A multiplicidade discordante de teorias éticas, exceto em algumas situações esparsas (por exemplo, na Itália), não deu origem à irreconciliabilidade e à incomunicabilidade, mas deu origem a uma estruturação inicial de critérios epistemológicos para a bioética. Este último, assim se manifestou como um lugar, um "lugar de encontro", um "lugar de objetividade". Cada reivindicação pessoal de grupos culturais de querer impor sua própria "objetividade" abriu-se para a "objetividade do encontro".

Do contrário, deve-se avaliar a iniciativa de compor um "ecumenismo bioético" na diversidade de culturas e tradições ético-religiosas. A integração ecumênico-planetária realizada pelo projeto de Hugo Tristram Engelhardt Jr. pretendia construir um *humanismo secular e laico* a partir de uma ideia de bioética como "língua franca" de um mundo desprovido de convicções éticas comuns.[73] Essa "língua franca" forneceria um "fundo neutro", também chamado de "estrutura secular de racionalidade", que visa resolver as controvérsias bioéticas com base em uma gramática mínima e religiosamente neutra. Aqui, o diálogo de que estamos falando não é favorecido. Em primeiro lugar, porque quem

[73] Cf. ENGELHARDT JR., Hugo Tristram. *Bioethics and Secular Humanism: The Search for a Common Morality*. London: SCM Press and Trinity Press International, 1991. Veja-se também as observações críticas em: MORDACCI, Roberto. Il dibattito sul método nella bioetica anglosassone (I): linee per un'analis critica. *Teologia*, v. 20, n. 1, 1995, p. 75-103.

tem uma visão de liberdade diferente da visão individualista, não encontra espaço. E, então, pode haver um fundo neutro em que a racionalidade de diferentes culturas seja destituída dos diferentes conteúdos que essa cultura veicula? Aqueles que pensam como católico, ou como protestante, ou como ateu etc., como poderão esvaziar os conteúdos de sua racionalidade peculiar?

ii) *Sobre o pluralismo.* A doutrina kantiana do mundo moral como uma "república de espíritos",[74] cada qual livre na vontade do dever, é um fato público e cultural da era moderna. Essa doutrina também animou o debate sobre teorias e métodos éticos em bioética. No entanto, não sabemos quanto tempo essa doutrina kantiana durará na era pós-moderna. O problema do pluralismo na bioética tem, de fato, eficácia normativa apenas no nível contratual, com base em um consenso público mínimo. Robert M. Veatch, diretor de uma instituição piloto em bioética, o Kennedy Institute of Ethics, em Washington, D.C., é um dos mais conhecidos defensores da teoria do contrato em bioética.[75]

Em bioética, a palavra pluralismo tem sido usada principalmente em um sentido defensivo, ou seja, para indicar a legitimidade da coexistência de concepções divergentes ou mesmo opostas aos problemas particulares. Nesse sentido, o pluralismo apelou continuamente à tolerância. Pelo menos duas concepções

[74] KANT, Immanuel. *Antropologia de um ponto de vista pragmático.* São Paulo: Iluminuras, 2006. [N. do T.] Muito provavelmente, Giovanni Russo quis se referir ao conceito de "reino dos fins", presente na teoria ética kantiana: "o conceito de todo ser racional que tem de se considerar como legislando universalmente mediante todas as máximas de sua vontade, a fim de ajuizar a partir desse ponto de vista a si mesmo e suas ações, conduz a um outro conceito muito fecundo apenso a ele, a saber, o conceito de *um reino dos fins*. Entendo, porém, por *reino* a ligação sistemática de diferentes seres racionais mediante leis comuns" (KANT, Immanuel. *Fundamentação da metafísica dos costumes.* São Paulo: Barcarolla, 2009, p. 259).

[75] Referimo-nos apenas à bibliografia do autor, em livros, de 1980 até hoje (ou seja, aquela mais inerente à nossa questão): *A Theory of Medical Ethics*. New York: Basic Books Press, 1981; *The Foundations of Justice: Why the Retarded and the Rest of Us Have Claims to Equality*. Oxford: Oxford University Press, 1986; *The Patient as Partner: A Theory of Human Experimentation Ethics*. Bloomington: Indiana University Press, 1987; *Death, Dying and Biological Revolution: Our Last Quest for Responsibility*. New Haven: Yale University Press, 1989; *Medical Ethics*. Boston: Jones & Bartlett Publishers, 1989; *Cross Cultural Perspectives in Medical Ethics:* Readings. Boston: Jones & Bartlett Publishers, 1989; *The Patient-Physician Relation: The Patient as Partner*. Bloomington: Indiana University Press, 1991; *Ethical Question in Dentistry*. Chicago: Quintessence Publishers, 1993.

diferentes de tolerância correspondem às diferentes formas de entender o pluralismo.[76] A perspectiva "monística" combinou tolerância com verdade, afirmando que o conhecimento e a realização prática da verdade não são uma aquisição definitiva nem exaustiva: a verdade nunca é totalmente "dada", mas, no entanto, pode ser expressa e traduzida nos problemas da vida. A tolerância, portanto, torna-se abertura relacional para a alteridade. A outra perspectiva, a "estrutural", é baseada, em vez disso, no não-cognitivismo. Concebe uma ética sem verdade. Mas, o apelo à tolerância se torna uma verdade, então contradiz a suposição inicial não-cognitivista. Se a tolerância não é uma verdade, então, a intolerância também é justificada.

Uma coisa é certa: que o futuro da bioética depende da continuação de um diálogo positivo e da busca de um pluralismo menos apologético. É de se esperar que a solução para a bioética como ciência, ou seja, a solução dos problemas epistemológicos, não seja uma solução "contratual" entre diferentes teorias éticas. O que aconteceu com a psicologia no século passado, no debate sobre a identidade da nova disciplina, não deveria acontecer com a bioética. Na verdade, hoje os psicodiagnósticos trilham caminhos alternativos, com soluções terapêuticas alternativas, com dificuldades consideráveis de síntese do campo psicológico.

É preciso caminhar para uma "convergência" positiva sobre a vida e seu valor. Mais do que paradigmas de vida, talvez precisemos colocar no centro a vida como um paradigma. Ler a vida sem uma convergência é o fracasso de todo paradigma, porque todo paradigma o é se animado pela dinâmica da vida.

[76] Cf. PALAZZANI, Laura. Pluralismo. *In:* LEONE, Salvatore; PRIVITERA, Salvino (a cura di). *Dizionario di bioetica.* Bologna: EDB-ISB, 1994, p. 721-724.

II

Origem, desenvolvimento e futuro da bioética

Warren Thomas Reich[77]

Leon R. Kass,[78] um proeminente filósofo e cientista estadunidense, membro fundador do Hastings Center e uma voz

[77] [N. do T.] Warren Thomas Reich (1931-2023) é doutor em Teologia Sagrada pela Pontifícia Universidade Gregoriana, de Roma. De 1962 até 1971, lecionou teologia moral na Catholic University of America e também foi um dos professores fundadores da União Teológica de Washington. Foi fundador e diretor do Projeto para a História do Cuidado, Professor Pesquisador de Religião e Ética, no Departamento de Teologia, da Georgetown University e Professor Emérito de Bioética na Escola de Medicina da mesma universidade. Como membro fundador do Kennedy Institute of Ethics da Georgetown University, ele criou a premiada *Encyclopedia of Bioethics* entre 1971 e 1978 e conduziu o trabalho de revisão dos quatro volumes da primeira edição, entre 1990 e 1995, que se tornaram nos cinco volumes da segunda edição totalmente revisada, um trabalho interdisciplinar que desempenhou um papel importante no estabelecimento da campo da bioética e que continua a moldar e apoiar o campo. Foi o editor chefe das duas primeiras edições de *Encyclopedia of Bioethics* (1978; 1995). Além da enciclopédia, também publicou: *Ethics of Sex and Genetics: Selections* (MacMillan Publishing Company, 1998).

[78] [N. do T.] Leon Richard Kass (1939-) é um médico, cientista e educador estadunidense. Kass é mais conhecido como um defensor da educação liberal, um crítico da clonagem humana, prolongamento da vida, eutanásia e pesquisa com embriões, e também por sua gestão como presidente do *President's Council on Bioethics,* de 2001 a 2005. Embora Kass seja frequentemente referido como bioeticista, ele evita o termo. Em suas palavras: "prefiro dizer que me dedico à reflexão moral sobre várias questões da experiência humana, mas não as vejo através das lentes de qualquer teoria ou sistema ético. Eu sou um humanista antiquado. Um

significativa no campo nascente da bioética há trinta anos, ofereceu uma retrospectiva provocativa e cheia de percepções perspicazes sobre o campo da bioética na celebração do vigésimo aniversário de Hastings Center, em 1989. Na ocasião, Kass observou que "o final dos anos 1960 foi uma época agitada para a sociedade estadunidense, mas de inatividade para o estudo da ética. A filosofia acadêmica tratava de outras coisas e ninguém tinha ouvido falar de 'eticistas'".[79]

Neste ensaio que reflete sobre as raízes e as primeiras origens da bioética, ao contrário do que afirmou Kass, queremos mostrar que a ética dos anos 1960 que deu origem à bioética era tumultuada e não inativa; e embora seja verdade que os departamentos de filosofia acadêmica prestavam pouca atenção à ética, as faculdades de teologia eram os locais de debates públicos turbulentos e intensificados sobre a natureza da ética e seu uso em conexão com problemas práticos que surgiram como resultado do desenvolvimento científico e das tecnologias biomédicas.

Além disso, o termo "eticista" (*ethicist*) já começava a surgir na década de 1960. E acreditamos que o surgimento do termo foi um indicativo do crescente significado público e secular dos debates éticos conduzidos pelos teólogos.

A visão de Kass é representativa de um mal-entendido muito comum sobre as origens da bioética nos Estados Unidos: que a bioética está enraizada em apenas dois tipos de eventos típicos da década de 1960 (os abusos na experimentação com seres humanos e a introdução de tecnologias biomédicas sem precedentes); que o lugar de origem a partir do qual a bioética se desenvolveu consistia em uma série de comissões nacionais de pesquisa para uma reforma legal e obrigatória do sistema; e que

humanista se preocupa amplamente com todos os aspectos da vida humana, não apenas com os éticos" (entrevista a Francis Wilkinson, de 20 de fevereiro de 2008. Disponível em: https://web.archive.org/web/20121029072424/http://discovermagazine.com/2008/feb/20-a-chat-with-george-w-bush.s-conscience). Dentre suas obras, destaca-se: *Life, Liberty, and de Defense of Dignity: The Challenge for Bioethics* (Encounter Books, 2002).

[79] KASS, Leon R. Practicing Ethics: Where's the Action? *The Hastings Center Report*, v. 20, n. 1, 1990, p. 5. Disponível em: https://doi.org/10.2307/3562966.

a linguagem inicial da bioética era filosófica e fundamentada em alguns direitos e princípios desenvolvidos em um documento denominado Relatório Belmont.[80]

Acreditamos que essa visão da bioética é excessivamente limitada: ela negligencia as vastas áreas de compromisso moral mais profundo que conduzem e promovem o campo da bioética. Essa visão é demasiado restrita ao campo médico: privilegia problemas centrais na experiência e nos modelos médico-profissionais, e omite até aqueles problemas amplamente difundidos que dizem respeito ao campo não profissional, como as vivências quotidianas e a consciência de homens e mulheres daqueles anos da década de 1960. E também é demasiado tecnológica: introduz e insinua que os dilemas colocados pela tecnologia biomédica, tanto do passado quanto do presente, como a diálise renal, por exemplo, foram (e esta continua a ser a principal implicação) a característica mais importante que identifica a bioética, impressão que infelizmente se apoia nas definições de bioética dadas por alguns dicionários.

É importante examinar e, se necessário, corrigir nossa visão sobre as origens da bioética, pois essa concepção do passado configura e desafia nossa capacidade de definir o campo da bioética hoje, de descrever sua finalidade e de estabelecer sua metodologia.

[80] [N. do T.] O Relatório Belmont é um documento criado pela Comissão Nacional para a Proteção de Sujeitos Humanos de Pesquisa Biomédica e Comportamental (1974-1978), o primeiro órgão público nacional a moldar a política de bioética nos Estados Unidos. O relatório foi emitido em 30 de setembro de 1978 e publicado no Federal Register em 18 de abril de 1979. O nome do relatório vem do Centro de Conferências de Belmont, onde o documento foi parcialmente redigido. O Belmont Conference Center, que já fez parte da Smithsonian Institution, está localizado em Elkridge, Maryland. O Relatório Belmont resume os princípios éticos e diretrizes para pesquisas envolvendo seres humanos. Três princípios básicos o constituem: o respeito pelas pessoas, a beneficência, e a justiça. Três áreas principais de aplicação também são indicadas. Elas são o consentimento informado, a avaliação de riscos e benefícios e a seleção de participantes de pesquisa.

A reorganização da nossa visão moral na década de 1960

O amplo e muito desordenado fermento social e intelectual da década de 1960 fez muito mais do que fornecer problemas que se aproximavam do campo da bioética: ao contrário, também deu razão para as energias morais e intelectuais que promoveram a bioética no final daqueles anos.

É nossa convicção, já expressa em outra publicação, que a bioética nasceu em 1970-1971, pois naquele ano em que foi cunhada a palavra bioética (termo que galvanizou o mesmo campo de investigação), as mais importantes controvérsias biomédicas tornaram-se públicas e os dois centros-piloto de bioética foram firmemente estabelecidos: o Hastings Institute for Society, Ethics and the Life Sciences, em New York, e o Kennedy Institute of Ethics, na Georgetown University.

Além disso, naquela época os organizadores do campo da bioética (Daniel Callahan e André Hellegers, fundadores dos dois institutos citados) tinham plena consciência de que estavam fundando esse novo campo de investigação.

O fermento que gerou os problemas intelectuais e promoveu as energias morais da primeira geração de estudiosos da bioética pode ser considerado em três níveis: i) o contexto moral da década de 1960 como um todo, ii) as modalidades e atitudes do contexto cultural que moldaram as primeiras discussões dos estudiosos da bioética, e, finalmente, iii) as questões mais importantes e características de toda a década.

É uma tarefa verdadeiramente árdua a de entender o contexto moral dos tempestuosos anos 1960, com suas mudanças radicais no campo da cultura, com a intensidade dos debates, sua rejeição de qualquer estrutura estabelecida e com suas novas esperanças utópicas.

A bioética desenvolvida nesta década tempestuosa, que constituiu um verdadeiro divisor de águas, foi alimentada por suas muitas contradições, mas foi gerada em particular pelos movimentos típicos dos anos 1960: do movimento pelos direitos civis, do movimento ambientalista, do controle demográfico e da fertilidade, do ecumênico, e dos movimentos que contestaram a autoridade moral pública, revisando-a: a revolta estudantil, o movimento contra a guerra do Vietnã, as batalhas contra a pobreza e a criação de uma "contracultura".

Esta foi uma época de conflito social, na qual uma nova consciência pública foi criada. A guerra foi apoiada por causa da incapacidade de quebrar as formas arraigadas de pensar e agir das nações em questão; por outro lado, os radicais fizeram surgir a consciência da responsabilidade moral que todo cidadão tem para com uma guerra vergonhosa.

Dessa forma, ao longo da década, criou-se um ambiente dialético e problematizado em relação à ciência e à tecnologia. "Os pensadores 'liberais' olharam com confiança para os métodos da ciência e da tecnologia" enquanto "os jovens radicais consideravam seu ambiente tecnológico e científico pelo menos de forma ambivalente".[81]

De muitas maneiras, então, a década de 1960 forneceu tanto o motivo quanto uma série de temas para reestruturar a consciência moral e a reflexão ética. Faremos a análise do tema, valendo-nos de quatro potencialidades, que têm influenciado o campo da bioética de forma mais geral: i) o movimento pelos direitos civis, ii) o movimento ecumênico, iii) a secularização, e, iv) o debate sobre a "nova ética".

O movimento pelos direitos civis

O movimento pelos direitos civis da década de 1960 foi uma tentativa de garantir e expandir os direitos dos afro-americanos aos direitos adequados estabelecidos pela Constituição dos Estados Unidos: os direitos à liberdade de religião, expressão, liberdade

[81] BURNER, David. *Making Peace with the 60s.* Princeton, N.J.: Princeton University Press, 1996, p. 7.

de imprensa, os direitos devidos em processos judiciais e os relativos à igualdade de tratamento legislativo. Em termos concretos, o movimento tentou remover as barreiras de discriminação que se manifestavam no campo do voto; no âmbito do acesso social, como a proibição de hotéis, restaurantes, teatros e meios de transporte públicos; e aqueles que impediam o acesso a escolas públicas, parques, imóveis, profissões e assim por diante.

As raízes morais do movimento pelos direitos civis residem nas tradições religiosas afro-americanas que exerceram uma crítica indireta e, às vezes, direta em relação à principal corrente estadunidense secularizada e das instituições religiosas. Martin Luther King Jr.[82] se apresentou como o líder desse movimento no final dos anos 1950 e 1960; seu apelo baseava-se na história bíblica, na fé cristã na dignidade humana, e era adepto aos métodos de resistência não violenta de Gandhi.[83] Ele também obteve sua liderança da "Conferência de Liderança Cristã do Sul", da "Associação Nacional para o Avanço das Pessoas de Cor", do "Congresso de Igualdade Racial" e da "Liga Urbana".

Na década de 1960, as mulheres começaram a organizar-se em tentativas a favor de seus direitos civis, para melhorar sua posição na sociedade. Nas décadas seguintes, outros grupos propagaram o apelo radical dos direitos civis como base de suas demandas morais para com a sociedade: os grupos pelos direitos homossexuais nos anos 1970, os grupos de pessoas portadoras de deficiência nos anos 1980, e assim por diante.

Ao mesmo tempo, a pesquisa científica e a assistência médica aos enfermos muitas vezes não ofereciam o respeito devido à dignidade das pessoas e aos interesses pessoais. O

---

[82] [N. do T.] Martin Luther King Jr. (1929-1968) foi um ministro batista afro-americano e ativista que se tornou o porta-voz e líder mais visível do Movimento dos Direitos Civis nos Estados Unidos, de 1955 até seu assassinato em 1968. Ele promoveu os direitos civis por meio da não violência e da desobediência civil, inspirado por suas crenças cristãs e pelo ativismo não violento de Mahatma Gandhi.

[83] [N. do T.] Mahatma Gandhi (1869-1948) foi um advogado indiano, nacionalista anticolonial e eticista político, que empregou a resistência não violenta para liderar a campanha bem-sucedida pela independência da Índia do domínio britânico, e, por sua vez, inspirou movimentos pelos direitos civis e liberdade em todo o mundo.

paternalismo na medicina e na ciência era tolerado no contexto de um poder abrangente da medicina. O movimento pelos direitos dos pacientes foi promovido pela primeira vez como uma forma de resolver esses problemas morais. A primeira declaração global relativa aos direitos do paciente encontra-se em um documento da National Welfare Rights Organization, da década de 1970.

Quando, no final da década, a bioética foi sistematicamente aplicada aos polêmicos problemas da ciência e da medicina, ficou claro que o movimento dos direitos civis exerceu enorme influência no desenvolvimento dos princípios bioéticos. Em particular, os direitos relacionados à privacidade, à confiança, à informação, ou seja, a uma comunicação eficaz entre médico e paciente, aqueles relacionados ao consentimento ou à recusa de informação, para considerar um tratamento, foram todos significativamente derivados de princípios e costumes que se desenvolveram em movimento pelos direitos civis.[84]

O que o contexto dos direitos civis trouxe para o campo inicial da bioética foi muito mais do que uma lista de direitos e princípios. Ofereceu uma consciência a partir dos fatos ocorridos e relacionados àquela experiência negativa que lhes negou esses direitos, a luta pelo seu reconhecimento e, por fim, a aquisição e aprovação dos princípios relativos aos direitos a serem aplicados no campo da saúde.

Os movimentos ecumênicos e de secularização: bases para uma bioética dialógica

A década de 1960 viveu o movimento ecumênico, uma "tempestade" silenciosa, mas inquietante, que teve uma influência decisiva no discurso ético nos Estados Unidos e no movimento de ideias que o acompanhou no campo da bioética.

[84] Cf. ANNAS, George. J. Patient's Rights Movement. *In:* REICH, Warren Thomas (ed.). *Encyclopedia of Bioethics*. New York: Free Press, 1978, p. 1201-1206.

O pluralismo de ideias tornou-se um fato da vida e da cultura após a Segunda Guerra Mundial. As fronteiras e divisões entre os membros das diferentes igrejas cristãs tornaram-se menos claras; uma nova abertura estava sendo experimentada entre cristãos e judeus; e a sociedade "judaico-cristã" foi confrontada com a nascente "religião civil" estadunidense.[85]

A participação em intercâmbios ecumênicos na esfera moral significava (como o termo grego *oikoumenikos* implica) a extensão a todo o mundo habitado de tais instâncias, ou uma busca pela verdade do ponto de vista de uma perspectiva global. Isso exigia a capacidade de abandonar, não sem dor, o próprio ponto de vista privado e insular, de natureza intelectual e moral, e também exigia a consideração cuidadosa e verdadeira pelas crenças e fés "estranhas" e, finalmente, exigia a capacidade de aceitar o novo instrumento constituído pelo diálogo. Mais tarde, os teólogos tiveram de reconhecer que o diálogo era mais do que um meio de promover o respeito e a compreensão mútuos; era uma das melhores ferramentas para descobrir a verdade.[86]

Embora, mais tarde, alguns filósofos, como Hugo Tristram Engelhardt Jr., afirmassem que o pluralismo torna impossível formular qualquer questão ética, nos anos 1960 o princípio do diálogo prometia muito mais. Qualquer pessoa, sem preconceitos, que entrasse na mentalidade do processo dialógico não poderia deixar de reconhecer que o diálogo pode ou não produzir uma convergência entre perspectivas conflitantes. E para além do problema da convergência, e talvez mais significativamente para além do próprio diálogo, este, uma vez iniciado, estava em sua essência aberto à descoberta de verdades ou anteriormente não manifestadas ou nem mesmo afirmadas que diziam respeito à possibilidade de acordo, *apesar do* pluralismo. Portanto, há uma diferença aguda entre o pessimismo intelectual, por um lado, que dizia respeito à busca da verdade naquele contexto

[85] Cf. MARTY, Martin E. *Modern American Religion.* V. 3: Under God Indivisible, 1941-1960. Chicago: The University of Chicago Press, 1996.

[86] Cf. STRANSKY, Thomas F.; SHEERIN, John B. (eds.). *Doing the Truth in Charity: Statements of Pope Paul VI, Popes John Paul I, John Paul II, and the Secretariat for Promoting Christian Unity, 1964-1980.* New York: Paulist Press, 1982.

pluralista, que encontramos na bioética centrada na autonomia no início dos anos 1990, e, por outro lado, entre a busca mais frutífera pela própria verdade dos anos 1960. A razão fundamental para esse contraste reside no fato de que a visão pessimista surge de uma resposta *estática* ao pluralismo, ao passo que o ponto de vista mais construtivo dos anos 1960 estava firmemente ancorado em um *processo* de discussão contínua que especificava as convicções essenciais da moralidade, seu exercício e suas normas.

O desenvolvimento do diálogo na década de 1960 teve outro resultado mais sutil: causou uma afluência de estudiosos da ética (ou moralistas, como eles preferiam se chamar) para o trabalho. O diálogo não se limitou simplesmente à exposição compartilhada do ponto de vista de uma igreja contra os ensinamentos de outra fé religiosa; a convicção pessoal e o julgamento orientado para a ação dos interlocutores vieram à tona, criando uma busca mais aberta pela verdade. Mas também havia um preço a pagar. O processo exigiu uma forte dose de humildade intelectual e de paciência aliada à coragem que nos permite descobrir as lacunas não só no que diz respeito aos julgamentos ponderados dos participantes, mas também as que caracterizam toda a visão moral de todos e que dizem respeito à comunidade de fé como um todo.

Do ponto de vista ético, o próprio diálogo dos anos 1960, no seu melhor momento, não era uma busca pelo menor denominador moral comum. Constituiu a tentativa participativa de descobrir e formular as questões morais mais importantes, de buscar o sentido da humanidade, fundamental para compreender as respostas possíveis às questões já colocadas e, finalmente, fornecer as soluções mais adequadas e coerentes.[87]

Havia, nos parece, um mínimo de ênfase retórica, apontado na atitude intelectual compartilhada que na esfera moral não era apenas possível, mas talvez uma mudança profunda devesse ser exigida.

[87] Cf. GUSTAFSON, J. M. *Protestant and Roman Catholic Ethics: Prospects for Rapprochement.* Chicago: The University of Chicago Press, 1978, p. viii.

As implicações do diálogo ecumênico foram particularmente interessantes para o campo inicial da bioética. Paul Ramsey,[88] o eticista protestante compartilhou a teoria da lei natural de acordo com a abordagem católica romana, enquanto o estudioso católico Charles E. Curran[89] desenvolveu uma ética baseada na responsabilidade, de acordo com o estilo do filósofo protestante Helmut Richard Niebuhr.[90] Os pressupostos morais de muitos teólogos cristãos foram fortemente influenciados por um teólogo judeu, Martin Buber.[91]

Além disso, o diálogo religioso teve certa influência nas abordagens da primeira comissão federal de bioética. Apenas dois especialistas em ética, que foram membros dessa comissão, de 1973-1974, eram estudiosos da ética teológica, Karen Lebacqz[92]

[88] [N. do T.] Robert Paul Ramsey (1913-1988), foi um eticista cristão estadunidense do século XX. Ele era metodista e natural do Mississippi. Passou a maior parte de sua carreira acadêmica como professor titular na Universidade de Princeton até o final de sua vida em 1988.

[89] [N. do T.] Charles E. Curran (1934-) é um padre católico estadunidense e teólogo moral. Atualmente atua na Southern Methodist University em Dallas, Texas, como Professor de Valores Humanos. Em 1968, ele fez parte do grupo de 87 teólogos que escreveram uma resposta à *Humanae Vitae*, a encíclica do Papa Paulo VI, afirmando a proibição tradicional da contracepção artificial. Curran continuou a ensinar e escrever sobre os ensinamentos da Igreja sobre várias questões morais, incluindo sexo antes do casamento, masturbação, contracepção, aborto, atos homossexuais, divórcio, eutanásia e fertilização in vitro, ao longo dos anos 1970 e 1980. Curran foi removido do corpo docente da Catholic University of America em 1986 como um dissidente contra os ensinamentos morais da Igreja Católica. Embora permaneça ligado ao clero da Igreja Católica, continua sendo uma figura polêmica por causa de suas posições.

[90] [N. do T.] Helmut Richard Niebuhr (1894–1962) é considerado um dos mais importantes especialistas em ética teológica cristã no Estados Unidos do século XX, mais conhecido por seu livro de 1951, *Christ and Culture*, e seu livro publicado postumamente, *The Responsible Self*.

[91] [N. do T.] Martin Buber (1878-1965) foi um filósofo judeu austríaco e israelense mais conhecido por sua filosofia de diálogo, uma forma de existencialismo centrado na distinção entre a relação Eu-Tu e a relação Eu-Isso. Nascido em Viena, Buber veio de uma família de judeus praticantes, mas rompeu com o costume judaico de estudar filosofia secular. Em 1923, Buber escreveu seu famoso ensaio sobre a existência, *Ich und Du* (Eu e Tu), e em 1925, começou a traduzir a Bíblia Hebraica para a língua alemã. Foi indicado ao Prêmio Nobel de Literatura dez vezes, e ao Prêmio Nobel da Paz sete vezes.

[92] [N. do T.] Karen Lebacqz (1945-) foi membro da Comissão Nacional para a Proteção de Sujeitos Humanos de Pesquisa Biomédica e Comportamental (1974-1978). Atualmente faz parte do corpo docente da Pacific School of Religion há mais de 30 anos. Seu compromisso com as questões de justiça social toma forma em três áreas principais de escrita e ensino: ética profissional, bioética (especialmente

e Albert Rupert Jonsen,[93] ambos especialistas no diálogo inter-religioso. Além disso, o Dr. André Hellegers, fundador do primeiro centro universitário de bioética, estruturou sua abordagem original (*think-tank*) com referência ao trabalho da Comissão Papal de controle da natalidade, um grupo misto de eclesiásticos e leigos, de cientistas e não profissionais, do qual o Dr. Hellegers era o diretor. A lição da história é clara: de diferentes maneiras, a experiência dos anos 1960, chamada de movimento ecumênico, ofereceu uma modalidade dialógica ao que viria a ser o campo da bioética.

O diálogo intelectual entre a esfera da teologia e a da ciência também recebeu forte impulso da corrente "secularizada" dos anos 1960. Harvey Cox, cujo livro *The Secular City [a cidade secular]* provocou um debate extremamente amplo entre o público e os estudiosos, explica que "a secularização ocorre quando o ser humanos desvia sua própria atenção do mundo transcendente e se volta para este mundo e este tempo" (o termo "secular" deriva do latim *saeculum*, que significa "a época presente").[94] O movimento de secularização, anunciado por Cox, teve um longo período de

questões em torno da genética e do Projeto Genoma Humano) e teoria ética (particularmente justiça e questões de método na ética). Escreveu: *Six Theories of Justice: Perspectives from Philosophical and Theological Ethics* (Augsburg Publishing House, 1986), *Justice in an Unjust World: Foundations for a Christian Approach to Justice* (Augsburg Publishing House, 1987), *Sex in the Parish* (Westminster John Knox Press, 1991), entre outros.

[93] [N. do T.] Albert Rupert Jonsen (1931-2020) foi professor de Ética na Medicina da Escola de Medicina da Universidade de Washington, em Seattle. Foi comissário no *National Commission for the Protection of Human Subjects of Biomedical and Behavioral Research*, de 1974 a 1978, e no *The President's Commission for the Study of Ethical Problems in Medicine*, de 1979 a 1982. Dentre seus vários livros, destaca-se: *Bioethics Beyond the Headlines: Who Lives? Who Dies? Who Decides?* (Rowman & Littlefield Publishers, 2005); *A Short History of Medical Ethics* (Oxford University Press, 2000); *The Birth of Bioethics* (Oxford University Press, 1998); escreveu com Stephen Toulmin, *The Abuse of Casuistry: A History of Moral Reasoning* (University of California Press, 1988); e organizou com Nancy S. Jecker e Robert A. Pearlman, *Bioethics: An Introduction to the History, Methods, and Practice* (Jones and Bartlett Publishers, 1997).

[94] O principal divulgador do conceito de secularização é: COX, Harvey. *The Secular City: Secularization and Urbanization in Theological Perspective.* New York: MacMillan, 1965. O trabalho de Cox foi criticado como o relato superficial de um movimento de ideias com longos antecedentes na história: uma transformação gradual de uma abordagem transcendente para uma abordagem desmitologizada do fenômeno da experiência humana apenas.

incubação: da exortação de Husserl de "ir às coisas mesmas" no contexto fenomenológico à desmitologização própria dos biblicistas e teólogos alemães. Na verdade, a força do movimento está precisamente na profundidade de sua história e em sua compreensão das questões morais contemporâneas.

O modelo de secularização tinha muito a oferecer às abordagens tanto secularizadas quanto religiosas do discurso moral. E isso implicava que nem os sistemas metafísicos nem as estruturas doutrinárias religiosas poderiam abafar as questões morais mais profundas ou homogeneizar sociedades inteiras.

A bioética nunca teria chegado a esse ponto se não fosse pelas revoluções da desmitologização e do ecumenismo religioso. Na verdade, eles haviam lançado a base justificativa e motivadora para a primeira geração de líderes no campo da bioética, não apenas dispostos a abandonar sua torre de marfim, mas a se engajar nos novos campos da bioética com feroz energia moral.

O tempestuoso debate ético da década de 1960: a primeira polêmica da bioética sobre princípios

O título de um livro publicado em 1967, *Storm over Ethics [tempestade na ética]*,[95] expressa uma concepção de ética, própria dos anos 1960, que nada tem de bucólica. Neste trabalho, oito estudiosos – incluindo John Coleman Bennett,[96] James Gustafson[97] e Joseph Fletcher[98] – comentaram sobre as reflexões debatidas

[95] Cf. BENNETT, John Coleman; et al. *Storm over Ethics.* St. Louis: United Church Press, 1967.

[96] [N. do T.] John Coleman Bennett (1902-1995) foi um eticista social protestante estadunidense e importante pensador cristão do século XX que aplicou princípios éticos a questões urgentes da sociedade moderna.

[97] [N. do T.] James M. Gustafson (1925-2021) foi um teólogo eticista estadunidense, professor na Universidade de Yale, na Universidade de Chicago e na Emory University.

[98] [N. do T.] Joseph Francis Fletcher (1905-1991) foi um filósofo estadunidense amplamente reconhecido por seu trabalho em teoria moral e ética aplicada. É mais conhecido pelo método de raciocínio moral consequencialista, presente em sua teoria da ética situacional que fundou na década de 1960 e um dos

sobre a "nova moralidade", uma polêmica que foi iniciada principalmente pelo trabalho de Joseph Fletcher, *Situation Ethics [ética situacional]*, publicado em 1966.[99] Os autores foram atraídos para o problema da norma na ética teológica. Mas, o significado deste livro e a controvérsia inerente foram mais abrangentes. Os argumentos de Fletcher encontraram confirmação imediata no debate público; e a controvérsia que se seguiu continha em si implicações primárias para a ética secularizada e pública, tanto em termos de questões filosóficas presentes no debate, quanto no fato de que – como observaram os editores – um vivo interesse por essas questões "deixou para trás o mundo acadêmico e as revistas técnicas", bem como "os profissionais da ética", para chegar a um "debate na praça".[100]

Os debates entre teólogos em meados da década de 1960 – debates nos quais os estudiosos da bioética estavam apenas começando – poderiam ser considerados como o prenúncio da maior polêmica entre filósofos e estudiosos da bioética, que surgiu em 1990. A discussão dos estudiosos da ética teológica – fortemente influenciada pelos argumentos típicos dos círculos acadêmicos alemães – estava enraizada na convicção de que os princípios e regras são muitas vezes muito rígidos, com função excessivamente dedutiva e carecem de atenção suficiente ao contexto ético ou ao contexto da situação, isto é, não prestaram atenção às particularidades das circunstâncias em que a decisão moral deve ser tomada e às do próprio agente.[101]

---

pioneiros da bioética. Era sacerdote ordenado da Igreja Episcopal dos Estados Unidos. Lecionou *Ética Cristã*, na Episcopal Divinity School, em Cambridge, Massachussets, e também na Harvard Divinity School, de 1944 até 1970. De suas obras, destaca-se: *Morals and Medicine: The Moral Problems of the Patient's Right to Know the Truth, Contraception, Artificial Insemination, Sterilization, Euthanasia* (Princeton University Press, 1954); *Situation Ethics: The New Morality* (Westminster John Knox Press, 1966); e *The Ethics of Genetic Control: Ending Reproductive Roulette* (Anchor Press, 1974).

[99] Cf. FLETCHER, Joseph. *Situation Ethics: The New Morality.* Philadelphia: Westminster Press, 1966.

[100] FLETCHER, Joseph. *Situation Ethics: The New Morality.* Philadelphia: Westminster Press, 1966, p. v.

[101] Os principais estudiosos alemães foram Rudolph Bultmann, Karl Barth e Dietrich Bonhoeffer. Para mais estudos, veja-se: BENNETT, John Coleman; et al. *Storm over Ethics.* St. Louis: United Church Press, 1967, p. 12.

No entanto, tanto a discussão em si quanto suas implicações diferiram bastante da atual controvérsia sobre a "teoria dos princípios".

O "situacionismo" de Fletcher – um termo incorreto no que para muitos foi um debate mal concebido – ficou como uma ética explicitamente relativista, na qual a suspensão da obrigação prática dos princípios éticos era considerada tanto por leigos quanto por alguns estudiosos como a subversão de toda a ordem moral. No entanto, a ênfase que Fletcher colocava no particular atraiu a imaginação moral de grande parte do público, médicos, pessoas comuns, famílias, clérigos e assim por diante.

Consequentemente, o cenário intelectual em que a ética se movia, no momento em que a bioética emergia, foi fortemente influenciado pela "discussão entre Ramsey e Fletcher" sobre a universalidade das regras frente à particularidade das circunstâncias, posições opostas nos raciocínios a que dizem respeito à aplicação prática da moralidade. As discussões iniciais sobre intervenções genéticas, sobre eutanásia e ética sexual foram sendo modeladas muito mais segundo os termos apresentados pela "nova moralidade". Na ética dos profissionais clínicos, a polêmica passou a ser o problema de uma abordagem caso a caso ou de uma abordagem justificada pela deontologia do pacto médico-paciente.

O horizonte da discussão bioética já estava estabelecido quando a bioética surgiu.

A essência e as implicações dos fundamentos da bioética

Neste ensaio, procuramos sublinhar o contexto moral dos anos 1960, uma vez que constitui a raiz mais profunda da bioética. No decorrer desses anos, na década de gestação do campo bioético, nos deparamos com o transbordamento desordenado de polêmicas turbulentas no campo ético, no da responsabilidade estatal, no campo da ciência, da saúde e do próprio sentido da sociedade como uma entidade moral. O sentido de criar um *ponto de inflexão* era tão claro que beirava o de uma revolução, a ponto de a palavra "novo" ser usada na maioria das áreas: a nova ética, a nova biologia, uma nova sociedade, e assim por diante.

Devemos remeter para outro lugar a consideração de uma descrição mais detalhada do desenvolvimento das questões mais importantes, concernentes à bioética, durante os anos 1960 e início dos anos 1970: questões relativas ao controle da fecundidade e à população; a "nova genética"; o campo ambiental; a controvérsia sobre a experimentação humana; e as consequências das novas tecnologias no cuidado dos enfermos.

No entanto, podemos citar algumas dimensões desses problemas típicos da década de 1960 e que continuam a indicar a natureza desse campo de estudo. Por exemplo, a polêmica do controle da natalidade, que domina a discussão moral desde o início deste século e que certamente constitui um dos problemas mais relevantes da ética no campo da saúde; um problema que envolve um grande número de pessoas mais do que qualquer outro tipo de problemática moral da bioética.

Apesar disso, esse problema tem sido muitas vezes esquecido em suas perspectivas históricas, talvez porque afete uma grande parte das mulheres e homens pobres ou da classe média que lutam diariamente: pessoas que não são profissionais e cujo problema não pode ser descrito em termos exclusivamente médico-profissionais. A bioética em seus fundamentos reais origina-se não apenas dos "problemas", mas também das *experiências* morais que predominam amplamente na população e que se prestam a serem interpretadas moralmente em um quadro interdisciplinar. *Enganamo-nos quanto ao sentido central da bioética se restringirmos nossa investigação àqueles problemas que encontram seu lugar apenas nas controvérsias profissionais, médicas e científicas.*

A discussão das consequências da "nova genética" foi, pelo menos, inicialmente, nos anos 1960 e início dos anos 1970, uma polêmica sobre a *natureza humana*. O sentido do ser humano nunca foi esquecido no decorrer das primeiras polêmicas sobre genética. E um dos debates mais importantes no campo da bioética, nos anos 1990, centrou-se no "principialismo" (*principlism*) contra a "nova casuística" (*cases*). Mas, sob a superfície da controvérsia, há uma luta real sobre o significado do *sentido* da bioética. Os princípios e regras da ética, por mais importantes que sejam, estão ausentes precisamente no fato de darem a impressão de que a pesquisa sobre o significado moral é desnecessária.

Mas, como apontamos em outro lugar, recorrer à *experiência* era necessário na bioética dos anos 1990. Uma lição que retomamos ao retornar às origens daquele movimento que deu origem à bioética nos anos 1960.[102] Tanto Leon Kass[103] quanto Gilbert Meilaender[104] procuraram manifestar as deficiências próprias da bioética contemporânea, sublinhando sua falta de profundidade.

Corre-se o perigo de conceber a bioética como se ela constituísse a busca do mínimo denominador comum, no contexto de uma disciplina considerada apenas como fórmula de políticas públicas no contexto dos problemas colocados pelas ciências da vida e da saúde. As decisões éticas são inadequadas quando ocorrem em um contexto que está além do sentido de busca pela *sabedoria*; e a sabedoria requer reflexão sobre o *sentido* de nosso agir. A pesquisa intelectual dirigida "pela alma" aspira mais do que regras e orientações de aplicação; e os fundamentos históricos da bioética mostram que, em suas origens, a bioética nunca evitou a busca de sentido. Somente a atenção aos fundamentos culturais e intelectuais da bioética nos permitirá ser mais críticos na identificação da definição, do propósito e dos métodos que pertencem a esse campo de conhecimento recém-nascido.

[102] Cf. REICH, Warren Thomas. A New Era for Bioethics: The Search for Meaning in Moral Experince. *In:* VERHEY, Allen (ed.). *Religion and Medical Ethics: Looking Back, Looking Forward.* Grand Rapids, MI: William B. Eerdmans Publishing Company, 1996, p. 96-199.

[103] Cf. KASS, Leon R. Practicing Ethics: Where's the Action? *The Hastings Center Report*, v. 20, n. 1, 1990, p. 5. Disponível em: https://doi.org/10.2307/3562966.

[104] Cf. MEILAENDER, Gilbert C. *Body, Soul and Bioethics.* Notre Dame: University of Notre Dame Press, 1995.

III

Qual filosofia da medicina para a bioética?

Edmund D. Pellegrino[105]

"Agora, quero me voltar para a medicina, o assunto deste tratado, e expor a sua explicação. Em primeiro lugar, quero definir o que quero dizer com medicina".[106]

"O filósofo tem a obrigação de estudar a natureza da filosofia, em si mesma".[107]

---

105 [N. do T.] Edmund Daniel Pellegrino (1920-2013) é Professor Emérito de Medicina e Ética Médica do Kennedy Institute of Ethics da Georgetown University e diretor fundador do Center for Clinical Bioethics. Atuou como Presidente do President's Council on Bioethics, em Washington, D.C. Foi o 11° presidente da Catholic University of America, de 1978 a 1982, o segundo leigo a ocupar o cargo. Pellegrino era um especialista tanto em bioética clínica, quanto no campo da medicina e das humanidades, especificamente, no ensino de humanidades na faculdade de medicina, da qual ajudou a ser pioneiro. Durante os seus mais de 65 anos de atuação em medicina e administração universitária, foi chefe de departamento, reitor, vice-reitor e presidente. Dentre sua produção intelectual, destaca-se: *For the Patient's Good: The Restoration of Beneficence in Health Care* (Oxford University Press, 1988); *The Virtues in Medical Practice* (Oxford University Press, 1993); em português: *Para o bem do paciente: a restauração da beneficência nos cuidados da saúde* (Loyola, 2018), todos com a coautoria de David C. Thomasma.

106 HIPPOCRATES. *Prognostic. Regimen in Acute Disease. The Sacred Disease. The Art. Breaths. Law. Decorum. Physician (Ch. 1). Dentition.* Translated by W. H. S. Jones. Loeb Classical Library 148 (Hippocrates: Volume II). Cambridge, MA: Harvard University Press, 1981, p. 193.

107 COLLINGWOOD, Robin George. *An Essay on Philosophical Method.* Oxford: Clarendon Press, 1993, p. 2.

Introdução

As reflexões filosóficas sobre os temas da medicina são tão antigas quanto a medicina e a filosofia. Em todas as épocas, críticos e pensadores, pertencentes tanto à medicina quanto à filosofia, buscaram aqueles planos interpretativos da medicina e de sua prática, que não podem ser reconduzidos ao interior da esfera metodológica da medicina apenas. Só recentemente, no entanto, surgiu um debate sobre a existência ou não, ou mesmo a possibilidade, de um campo de pesquisa bem fundado e legítimo, que pode ser chamado de filosofia *da* medicina. Se é possível apresentar tal área, devemos nos perguntar em que consiste, se pode ser distinguida da filosofia da ciência e qual a sua relação com o campo emergente da bioética. Além disso, algumas consequências práticas decorrem dessas distinções e devemos nos perguntar quais são.

Neste texto, desejo expor minha posição atual sobre essas questões; assim, no meu interesse pela área é atestado pelo meu trabalho individual e também por aquele realizado em colaboração com David C. Thomasma.[108] Tratarei de minhas posições em duas partes. A primeira parte trata das três perspectivas que caracterizam o estado da questão hoje, a saber, se "existe uma filosofia da medicina e, se existe, em que consiste?" A segunda parte compara, opõe e distingue quatro modelos que orientam a pesquisa filosófica em medicina, ou seja, filosofia *e* medicina, filosofia *em* medicina, filosofia médica e filosofia *da* medicina.

Vou demonstrar, contra Caplan,[109] que existe um campo justificável e legítimo de pesquisa filosófica que pode ser devidamente

108 Cf. PELLEGRINO, Edmund Daniel; THOMASMA, David C. *A Philosophical Basis of Medical Practice: Toward a Philosophy and Ethic of the Healing Professions.* Oxford: Oxford University Press, 1981; cf. PELLEGRINO, Edmund Daniel; THOMASMA, David C. *For the Patient's Good: The Restoration of Beneficence in Health Care.* Oxford: Oxford University Press, 1987; cf. PELLEGRINO, Edmund Daniel; THOMASMA, David C. *The Virtues in Medical Practice.* Oxford: Oxford University Press, 1993.

109 Cf. CAPLAN, Arthur L. Does the Philosophy of Medicine Exist? *Theoretical Medicine,* v. 13, 1992, p. 67-77. Disponível em: https://doi.org/10.1007/BF00489220.

definido como a *filosofia da medicina*, e que pode ser distinguido de outras formas de reflexão filosófica sobre a medicina e que os pontos de diferença constituem mais do que um valor heurístico. Desse modo, abriremos o campo para uma série de distinções que propus há mais de vinte anos, mas que mesmo agora podem ser avançadas de forma ainda mais convincente do que eram outrora.[110]

O estado da questão: as três perspectivas (negativa, extensiva e específica)

A história das reflexões filosóficas sobre a medicina é longa, complexa e repleta de dificuldades. Nenhum relato completo pode ser dado de seus desenvolvimentos históricos ou das numerosas versões em que apareceu no passado e no presente. Felizmente, existem numerosas e abrangentes análises da história da medicina, tanto do mundo antigo quanto do moderno, às quais o leitor pode se referir.[111] Elas testemunham a longa duração do diálogo entre medicina e filosofia, as diferentes formas que essas disciplinas podem assumir e a série de temas que podem ocorrer no contexto de cada uma e, por outro lado, entre elas. Uma vez que não estamos repetindo essa digressão histórica aqui, vamos nos basear nela

[110] Cf. PELLEGRINO, Edmund Daniel. Philosophy of Medicine: Problematic and Potential. *The Journal of Medicine and Philosophy*, v. 1, n. 1, 1976, p. 5-31. Disponível em: https://doi.org/10.1093/jmp/1.1.5.

[111] Cf. ENGELHARDT, JR., Hugo Tristram; ERDE, E. Philosophy of Medicine. *In:* DURBIN, Paul T. (ed.). *A Guide to the Culture of Science, Technology and Medicine.* New York: Free Press, 1984, p. 364-461 e 675-677; cf. SZUMOWSKY, W. La philosophie de la medicine: son histoire, son essence, sa denomination, et sa definition. *Archives Internationales d'Histoire des Sciences*, v. 2, n. 9, 1949, p. 1097-1139; cf. TEMKIN, O. On the Inter-Relationship of the History and Philosophy of Medicine. *Bulletin of the History of Medicine*, v. 30, 1956, p. 241-251; veja-se também os artigos de J. Doroszewsky, D. Lamb, et al., R. Qiu, e D. N. Walton, em *Metamedicine*, v. 3, 1982, para a filosofia da medicina na Polônia, Grã Bretanha, China e Canadá. Para a filosofia da medicina na Áustria, Alemanha, Escandinávia, Holanda e Estados Unidos, veja-se também os artigos de T. Kennen, M, Kottow, B. B. Lindahl, H. ten Have, et al., e D. C. Thomasma em *Theoretical Medicine,* v. 6, 1985; cf. ENGELHARDT, JR., Hugo Tristram; WILDES, K. Wm. Philosophy of Medicine. *In:* REICH, Warren Thomas (ed.). *Encyclopedia of Bioethics.* 2nd ed. Vol. 3. New York: MacMillan Publishing Company, 1995, p. 1680-1684.

fazendo uma seleção de argumentos que ilustram as diferenças e esclarecem os conceitos e definições que pretendemos apresentar.

O que parece evidente na história da medicina é a necessidade manifesta e inevitável de diálogo entre duas disciplinas, tanto por razões positivas quanto negativas.[112] Do ponto de vista positivo, há o fato de a medicina tratar da humanidade como um todo e de seus problemas mais urgentes – como a vida, a morte, o sofrimento e a doença – e esses são problemas que dificilmente escapam à pesquisa dos intelectuais em qualquer momento histórico. Por outro lado, de um ponto de vista negativo, o conflito evidente entre as metodologias parece óbvio: aquela baseada na observação empírica e experimental típica da medicina que se choca com as reflexões analíticas, especulativas e abstratas próprias da filosofia. E apesar dessa ambivalência de atrativos e repulsões metodológicas, nem os médicos nem os filósofos foram capazes de desistir de tentar entender essas experiências humanas universais como a natureza da doença e da cura, ou de refletir sobre o comportamento ético de quem cura profissionalmente, ou na relação que tais fenômenos têm com as correntes filosóficas mais importantes.

Até recentemente, no entanto, essas reflexões dificilmente respondiam aos critérios de uma análise formal, sistemática e ordenada necessária para qualificá-las como pertencentes legitimamente à filosofia, isto é, como suas seções ou subseções. Hoje, médicos e filósofos começaram a falar seriamente sobre a possibilidade de uma filosofia *da* medicina como um campo próprio e se perguntam se ele pode ou não ser confirmado. De várias fontes surge o interesse atual por esses temas que Engelhardt e Erde definiram como "um campo emergente de estudos filosóficos".[113]

Em primeiro lugar, nos temas da medicina existe aquela reciprocidade de interesses, a que já me referi. Em todas as épocas,

[112] Cf. PELLEGRINO, Edmund Daniel. Medicine and Philosophy: Some Notes on the Flirtations of Minerva and Aesculapius. *Annual Oration of the Society for Health and Human Values,* November 1973, Society for Health and Human Values, Philadelphia, 1974.

[113] ENGELHARDT, JR., Hugo Tristram; ERDE, E. Philosophy of Medicine. *In:* DURBIN, Paul T. (ed.). *A Guide to the Culture of Science, Technology and Medicine.* New York: Free Press, 1984, p. 364.

houveram médicos que desejaram interpretar os fenômenos que observavam e a natureza filosófica da arte médica que praticavam. Por outro lado, os filósofos de todas as épocas foram dominados pela necessidade de uma compreensão dos fenômenos mais profundos daquilo que a medicina poderia proporcionar. E para atingir esses objetivos, a perspectiva crítica e transmédica da filosofia sempre se mostrou essencial.

Um segundo motivo que move o atual interesse pela filosofia da medicina é a extraordinária importância que os problemas médicos assumiram nos últimos vinte e cinco anos nos campos da ética e da bioética. Desde que as teorias éticas no campo médico surgiram e se seguiram, a necessidade de fornecer uma base ética que vá além dos princípios, virtudes, estudos de caso, assistência, hermenêutica e assim por diante, tornou-se gradualmente evidente.

O primeiro passo para uma fundação desse tipo deve se constituir na articulação de uma *teoria e filosofia da medicina*. E uma teoria desse tipo é necessária se quisermos colocar teses éticas em competição, em uma conexão correta entre uma disciplina e outra, para resolver aquelas contradições que surgem entre a medicina e a filosofia e aquelas que são, pelo contrário, específicas de cada uma. Em suma, precisamos passar da ética médica e da bioética para uma filosofia da medicina e das profissões de saúde mais abrangente e moralmente completa.

Um terceiro fator que alimenta o interesse pela filosofia da medicina é a virada que as diferentes abordagens, existencialistas, hermenêuticas, fenomenológicas e pós-modernas, avançam em direção à ética e à filosofia. Essas correntes filosóficas são mais abertas à experiência vivida do paciente e do médico; perspectivas abertas às características peculiares de escolha moral, sofrimento, morte, finitude e piedade. São fenômenos de grande interesse também para os filósofos que buscam compreendê-los de maneira mais concreta do que no estilo filosófico-analítico, ainda dominante na filosofia anglo-americana contemporânea. Esses são os mesmos fenômenos que médicos e pacientes vivenciam e enfrentam todos os dias. As reflexões críticas, que dizem respeito a experiências tão conturbadas, conduzem naturalmente ao tipo de conhecimento fundamental e exaustivo que identificamos na filosofia da medicina. Com certeza, uma filosofia da medicina pós-moderna deve rejeitar ideologias, relatos emancipatórios e absolutismo em favor de uma pluralidade de linguagens e conceitos. E ainda seria uma filosofia *da* medicina.

Atualmente, em resposta a esses pedidos, três pontos de vista gerais são apresentados sobre a natureza e a existência de uma filosofia da medicina. Para facilitar a discussão, chamaremos esses pontos de vista como posições: negativa, extensiva e específica.

O ponto de vista *negativo* é o de Arthur Caplan. Ele argumenta que, no momento, não há um campo de investigação justificado que possa ser legitimamente identificado como uma filosofia da medicina.[114] Por outro lado, Engelhardt e Erde,[115] Engelhardt e Schaffner[116] e Engelhardt e Wildes,[117] reconhecem um espaço de pesquisa muito "amplo" no programa da filosofia da medicina. Por fim, o ponto de vista mais específico, que é o de David Thomasma e o meu, levou-nos a uma definição mais próxima e adequada daquele setor que identificamos como filosofia *da* medicina, enquanto medicina (*qua* medicina).[118]

Em nosso trabalho, fomos além e baseamos nossa filosofia da medicina na teoria da relação de cura. Alfred Tauber constrói uma filosofia da medicina baseada nas teorias de Emmanuel

---

[114] Cf. CAPLAN, Arthur L. Does the Philosophy of Medicine Exist? *Theoretical Medicine*, v. 13, 1992, p. 67-77. Disponível em: https://doi.org/10.1007/BF00489220.

[115] Cf. ENGELHARDT, JR., Hugo Tristram; ERDE, E. Philosophy of Medicine. *In:* DURBIN, Paul T. (ed.). *A Guide to the Culture of Science, Technology and Medicine.* New York: Free Press, 1984, p. 364-461 e 675-677.

[116] Cf. ENGELHARDT, JR., Hugo Tristram; SCHAFFNER, Kenneth F. Philosophy of Medicine. *In:* CRAIG, Edward (ed.). *Encyclopedia of Philosophy*. Vol. 6. London: Routledge, 1998, p. 264-269.

[117] Cf. ENGELHARDT, JR., Hugo Tristram; WILDES, K. Wm. Philosophy of Medicine. *In:* REICH, Warren Thomas (ed.). *Encyclopedia of Bioethics.* 2nd ed. Vol. 3. New York: MacMillan Publishing Company, 1995, p. 1680-1684.

[118] Cf. PELLEGRINO, Edmund Daniel; THOMASMA, David C. *A Philosophical Basis of Medical Practice: Toward a Philosophy and Ethic of the Healing Professions.* Oxford: Oxford University Press, 1981; cf. PELLEGRINO, Edmund Daniel; THOMASMA, David C. *For the Patient's Good: The Restoration of Beneficence in Health Care.* Oxford: Oxford University Press, 1987; cf. PELLEGRINO, Edmund Daniel; THOMASMA, David C. *The Virtues in Medical Practice.* Oxford: Oxford University Press, 1993.

Lévinas (1906-1995).[119] As diferentes combinações e versões das três perspectivas, até aqui mencionadas, podem ser encontradas nos números da *Journal of Medicine and Philosophy* e da *Theoretical Medicine*, na longa série de *Philosophy and Medicine* e em livros recentes que incluíram a filosofia da medicina em seus títulos. Essas obras se qualificam como reflexões filosóficas, em geral, mas nem todas se caracterizam como a filosofia *da* medicina. No entanto, constituem um espectro de reflexões filosóficas acerca do conteúdo da medicina, e é justamente nessa esfera que pretendo situar a filosofia da medicina como um campo de investigação bem reconhecível.

A posição negativa: a filosofia da medicina não existe

A linha de argumentação seguida por Caplan é a seguinte: ele estabelece quatro critérios que lhe parecem essenciais para definir e justificar o escopo da pesquisa.

Por isso, ele destaca as omissões das definições atuais em relação aos critérios estabelecidos. Ele admite que, em um primeiro levantamento, esses critérios parecem satisfazer a admissão de um campo de investigação, pelo menos no momento. Mas, em uma análise mais aprofundada da definição de filosofia e de medicina e dos critérios que lhe dariam profundidade conceitual, conclui, com pesar, que esta área não existe.

As evidências que Caplan cita contra a existência do campo de investigação são as seguintes: em primeiro lugar, diz ele, não há acordo sobre a definição. Posteriormente, oferece sua definição a partir da qual passa a mostrar como isso não é satisfeito por nenhum dos atuais campos estudados. Caplan afirma que a filosofia da medicina não pode ser comparada à bioética, que é normativa: a filosofia da medicina, por outro lado, deve ser colocada

[119] Cf. TAUBER, Alfred. From de Self to the Other: Building a Philosophy of Medicine. *In:* GRODIN, M. A. (ed.). *Meta Medical Ethics: The Philosophical Foundations of Bioethics.* Dordrecht: Kluwer Academic Publisher, 1995, p. 158-195.

como metafísica ou epistemologia. Da mesma forma, recusa-se a identificar a filosofia da medicina com as humanidades no que diz respeito à medicina (*Humanities in Medicine*), com as políticas de saúde (*Health Care Policy*), ou com as teorias estéticas no campo médico (*Medical Aestheties*). Ele cita isso como uma prova contra a existência da filosofia da medicina, uma área em que "o debate, a angústia, a concretude das situações e a recriminação mútua" não aparecem suficientemente.[120]

Caplan oferece sua definição de filosofia da medicina como "[...] o estudo das dimensões epistemológica, metafísica e metodológica da medicina: o aspecto terapêutico e experimental, o aspecto diagnóstico, terapêutico e (sic) paliativo".[121] Mas, caso estivesse de fato em tal situação, ele argumenta, a filosofia da medicina teria que lidar com "aqueles problemas-chave" da filosofia da ciência e, dessa forma, seria uma subseção da filosofia da ciência e não uma disciplina separada. A posição de Caplan se assemelha à assumida por Jerome Shaffer vinte anos atrás, a qual apareceu no primeiro volume da série de Engelhardt e Spicker, intitulada *Filosofia e Medicina*,[122] quando se iniciou o debate sobre o assunto, pelo menos nos Estados Unidos. Isso está em acordo com a abertura dos assuntos e temas propostos por Sadegh-Zadeh e Lindahl, entendidos como âmbito da filosofia da medicina, que constituíram o foco da revista *Metamedicine*, posteriormente rebatizada com o nome de *Theoretical Medicine*.[123]

Caplan admite a existência de uma ampla literatura e vários sistemas identificáveis com a filosofia da medicina. Admite

[120] CAPLAN, Arthur L. Does the Philosophy of Medicine Exist? *Theoretical Medicine,* v. 13, 1992, p. 70. Disponível em: https://doi.org/10.1007/BF00489220.

[121] CAPLAN, Arthur L. Does the Philosophy of Medicine Exist? *Theoretical Medicine,* v. 13, 1992, p. 69. Disponível em: https://doi.org/10.1007/BF00489220.

[122] Cf. ENGELHARDT, JR., Hugo Tristram. Round Table Discussion. *In:* ENGELHARDT, JR., Hugo Tristram; SPICKER, S. F. (eds.). *Evaluation and Explanation in the Biomedical Sciences, Philosophy and Medicine:* Proceedings of the First Trans-Disciplinary Symposium on Philosophy and Medicine Held at Galveston, May 9-11, 1974. Vol. 1. Dordrecht: D. Reidel Publishers, 1975, p. 211-234.

[123] Cf. SADEGH-ZADEH, Kazem. Toward Metamedicine. *Metamedicine,* v. 1, 1980, p. 3-10. Disponível em: https://link.springer.com/article/10.1007/BF00883515. Cf. INGEMAR, B.; LINDAHL, B. Editorial. *Theoretical Medicine,* v. 11, n. 1, 1990, p. 1-3. Disponível em: https://link.springer.com/article/10.1007/BF00489232.

inclusive a possibilidade da existência de um "campo" de pesquisa, mas não é o caso do campo atual, pois não faz parte de um campo maior, não é reconhecível por um cânone linguístico e não apresenta seu próprio quadro problemático distinto. Caplan lamenta a inexistência da filosofia da medicina, pois acredita que ela seria importante como fundamento da bioética, para a filosofia de qualquer ciência aplicada e para certos problemas particulares que surgem na genética e campos semelhantes.

A posição extensiva: Engelhardt e outros

A proposta argumentativa de Caplan, que não admite a existência da filosofia da medicina, pode ser considerada complicada, ambivalente e que, em grande medida, se baseia em afirmações simples. Engelhardt e Erde, assim como Engelhardt e Schaffner, são muito mais determinados em sua avaliação em favor da existência da filosofia da medicina. Eles defendem a filosofia da medicina de uma forma não muito diferente da de Caplan: "[...] (a ciência) que engloba aquelas questões epistemológicas, axiológicas, lógicas, metodológicas e metafísicas que se produzem e se ligam à medicina".[124] No entanto, eles especificam e determinam algumas áreas amplas de pesquisa que identificam como próprias e características da filosofia da medicina: modelos de medicina, conceitos relativos à saúde e à doença, a lógica do diagnóstico, prognóstico, experiências clínicas, métodos instrumentais de informação, etiologia das doenças, e assim por diante.

Engelhardt e seus coautores sustentam sua opinião por meio de uma notável bibliografia de estudos e obras, provenientes de um grande número de países e períodos históricos, e cobrem uma gama extraordinariamente ampla de argumentos que indicam o ponto de união entre medicina e filosofia. É difícil

[124] Cf. ENGELHARDT, JR., Hugo Tristram; SCHAFFNER, Kenneth F. Philosophy of Medicine. *In:* CRAIG, Edward (ed.). *Encyclopedia of Philosophy*. Vol. 6. London: Routledge, 1998, p. 264-269.

pensar como Caplan pode descartar uma massa tão extensa de obras, como se esse campo não se constituísse em um campo de pesquisa.

As definições da filosofia da medicina de Engelhardt e Erde, e de Engelhardt e Schaffner são, como foi dito, próximas às de Caplan. Mas, contrariando a opinião de Caplan, sua análise sustenta os critérios a favor de um "campo" de investigação que se conduz e se realiza por meio de um grande número de obras, livros e artigos, aliás, citados, que tratam da filosofia e da medicina. Por sua vez, porém, eles lançaram sua rede longe demais, na verdade, muitas das obras citadas estão à margem de sua própria definição. Algumas obras, hoje, são citadas com tanta frequência que quase constituem um "cânone" inicial.

As avaliações de Engelhardt, Erde, Schaffner e Wildes abrangem todas as interseções conceitualmente possíveis entre filosofia, medicina, ciências físicas e sociais. Embora tais estudos sejam importantes, a amplitude de referência, que, como já dissemos, inclui um espectro muito amplo de obras, enfraquece a especificidade da filosofia da medicina e fragiliza a identificação de um quadro bem definido de problemas. E, em vez disso, é precisamente a especificidade que precisa ser examinada de forma mais precisa, necessária e mais próxima se quisermos determinar o problema da independência e da existência da filosofia da medicina.

Muito do que Engelhardt, Schaffner e Erde alegam como fruto do trabalho da filosofia *da* medicina poderia ser definido, como Caplan suspeita, como pertencente ao campo da filosofia *da* ciência ou ao da biologia ou como uma subseção de áreas pertencentes à pesquisa filosófica, como metafísica, epistemologia, axiologia ou, de acordo com minha terminologia, como filosofia *na* medicina. Mas, isso não deve diminuir a importância dos problemas estudados, mesmo que deixe claro o perfil da filosofia da medicina, área cujo centro de interesse deve ser calibrado de forma mais criteriosa com base nas regras, pressupostos, teorias e valores particulares próprios à medicina como medicina, área que não pode ser simplesmente apreendida como um exemplo de problemas já pesquisados e estudados pela ciência e pela filosofia.

É interessante, e até mesmo um tanto embaraçoso, que as filosofias *de* muitas outras disciplinas diversas da medicina sejam aceitas como campos justificados de pesquisa. Por exemplo, o recentemente publicado *Dictionary of Philosophy*[125] não tem nenhum verbete com o termo "filosofia da medicina". Nem ocorre o contrário com a sempre válida, mas datada *Encyclopedia of Philosophy*.[126]

Em vez disso, ambas as publicações contêm itens relacionados à filosofia da biologia, da economia, da pedagogia, da linguagem, do direito, da literatura, da lógica, da matemática e verbetes como: mente, religião, psicologia, ciência, sociologia. Cada um dos verbetes relativos a uma filosofia da "..." expressa e discute os conceitos, os métodos, as teorias, as suposições e as demonstrações fundamentais da disciplina em questão. Desta forma, para cada disciplina, exceto para a medicina, admite-se um campo rigoroso e particular de pesquisa filosófica que tem a ver com o problema "do que é" a própria disciplina, e, portanto, trata das questões "internas" ao assunto, problema e problemas que, por outro lado, não podem ser resolvidos com o método da própria disciplina.

O artigo de Engelhardt e Schaffner cobre toda a gama de reflexão filosófica sobre a medicina. Certamente, algumas de suas afirmações deveriam ser classificadas como filosofia da ciência, numerosas considerações como filosofia *na* medicina ou como filosofia *e* medicina, e algumas outras como filosofia médica. Até certo ponto, este é também o caso de Van der Steen, que identifica a filosofia da medicina através dos seguintes pontos: i) problemas "que estão além" da ciência; ii) problemas de tipo normativo; e, iii) problemas metodológicos.[127] Outros autores também assumem

---

125 Cf. AUDI, Robert (ed.). *The Cambridge Dictionary of Philosophy*. Boston: Cambridge University Press, 1995.

126 Cf. EDWARDS, Paul (ed.). *Encyclopedia of Philosophy*. New York: MacMillan Publishing Company, 1967.

127 Cf. VAN DER STEEN, Wim J.; THUNG, P. J. *Faces of Medicine:* A Philosophical Study. Dordrecht: Kluwer Academic Publishers, 1988.

o ponto de vista amplo e extensível para identificar a filosofia da medicina.[128] No restante deste texto, tentarei delinear mais claramente as diferentes áreas que pertencem à filosofia da medicina, em particular tentarei identificar aquela área do espectro que acredito poder ser distinguida como uma filosofia *da* medicina.

Modelos filosóficos I: filosofia *e* medicina

Neste ponto, desejo comparar, contrastar e distinguir as quatro seções que aparecem no espectro da pesquisa filosófica sobre os conteúdos da medicina. Não vou distinguir entre as diferentes metodologias filosóficas, por exemplo, entre as correntes de pensamento anglo-americana, analítica, clássica, medieval, fenomenológica, pós-moderna ou hermenêutica. Nenhuma ou todas essas escolas de pensamento filosófico podem referir-se à medicina e, de fato, podem verificar problemas particulares de acordo com suas próprias suposições, quando se inserem no contexto da medicina. Por outro lado, o aspecto significativo que delineia o domínio da filosofia e da medicina não está na escola do pensamento filosófico, mas sim na capacidade de apreender o propósito e o fim, mas, para conseguir isso, um tipo de filosofia foi aplicada às disciplinas médicas.

De acordo com o primeiro modo de reflexão, filosofia e medicina mantêm cada uma a sua identidade e iniciam, como disciplinas distintas, um diálogo independente e autônomo entre si. O assunto do diálogo varia. Pode ser um esforço destinado a identificar, ou comparar e contrastar, o método segundo o qual cada um deles estuda os fenômenos da medicina. Semelhanças e diferenças podem ser identificadas no assunto em discussão, no método, ou podem ser identificadas as influências recíprocas de uma em relação à outra. Nos escritos de Hipócrates, por exemplo, os dois

[128] Cf. SINHA, Ajit Kumar. *Philosophy of Health and Medical Sciences.* Ambala Cantt, India: Associated Publishers, 1983. Cf. Department of Philosophy of Medicine and Science, Institute of History of Medicine. *Philosophy of Medicine and Science: Problems and Perspectives.* New Delhi: Institute of History of Medicine and Medical Research, 1972.

tratados *A arte médica*[129] e *A medicina antiga*[130] visam estabelecer a independência do método próprio da medicina do da filosofia. Os autores hipocráticos enfatizam a importância de observar os casos particulares e raciocinar com base em evidências empíricas. Eles rejeitam a especulação e, em particular, aquela exercida por certos filósofos e por certos médicos-filósofos.

Sócrates e Platão, por exemplo, costumavam usar a medicina como modelo de uma *techne* exercida dentro de requisitos éticos.[131] Platão, a certa altura, chegou a quase tornar o médico, que também era filósofo, semelhante a um deus. Galeno, que praticava tanto a medicina quanto a filosofia, levava muito a sério essa relação de identidade em seu trabalho. Por outro lado, no *Banquete*, Platão censura o médico Erissímaco por seu tecnicismo, por sua tentativa de explicar todos os aspectos da existência humana com sua arte.[132] Em outro lugar, ele faz com que Nicias diga que os médicos não devem presumir ir além do conhecimento da natureza da saúde e da doença.[133] Aqui, Platão parece claramente desaprovar a extensão da medicina a ponto de levá-la a problemas filosóficos.

A medicina, por sua vez, era igualmente ambivalente em relação à filosofia. No mundo grego, médicos e filósofos-médicos inspiraram-se profundamente nos ensinamentos das escolas filosóficas mais importantes – a Academia, o Liceu e a Stoa – por suas teorias sobre a doença e a cura.[134] Todas as escolas médicas mais

---

129 Cf. HIPPOCRATES. The Art. *In:* HIPPOCRATES. *Prognostic. Regimen in Acute Disease. The Sacred Disease. The Art. Breaths. Law. Decorum. Physician (Ch. 1). Dentition.* Translated by W. H. S. Jones. Loeb Classical Library 148 (Hippocrates: Volume II). Cambridge, MA: Harvard University Press, 1981, p. 185-218.

130 Cf. HIPPOCRATES. *Ancient Medicine.* Translated by W. H. S. Jones. Loeb Classical Library 147 (Hippocrates: Volume I). Cambridge, MA: Harvard University Press, 1972, p. 1-64.

131 Cf. JAEGER, Werner. *Paideia: The Ideals of Greek Culture.* Translated by G. Highet. Volume III. Oxford: Oxford University Press, 1944, p. 3-45.

132 Cf. ROSEN, Stanley. *Plato's Symposium.* New Haven: Yale University Press, 1968, p. 119.

133 Cf. PLATO. Laches. *In:* PLATO. *The Collected Dialogues of Plato.* Bolligen Series LXXI, ed. E. Hamilton and H. Cairns. New Jersey: Princeton University Press, 1982, p. 139 (195c).

134 Cf. MOON, Robert Oswald. *The Relation of Medicine and Philosophy.* New York: Longmans, Green and Co., 1909; cf. TEMKIN, Owsei. *Hippocrates in a World of Pagans and Christians.* Baltimore: Johns Hopkins University Press, 1991; cf.

importantes – a metódica, a dogmática e a empírica – adotaram e adaptaram as doutrinas filosóficas das correntes mais importantes da filosofia grega. Da mesma forma, alguns séculos depois, a teoria vitalista de Stahl baseava-se na filosofia de Leibniz, enquanto as teorias mecanicistas da medicina baseavam-se em Descartes e Julien Offray de la Mettrie. Lester King fornece um relato detalhado de como os sistemas filosóficos dos séculos XVII e XVIII se basearam nas teorias da medicina, especialmente por seu conteúdo metafísico e lógico.[135]

O fato de se apoiar na filosofia, no que diz respeito ao conhecimento teórico, constituiu uma inversão da posição da Escola Hipocrática, que se manifestou claramente sobre a necessidade de se distanciar da filosofia. Thomas Sydenham e outros médicos "hipocráticos" do século XVIII repetiram sua rejeição da filosofia:

> Ao escrever a história de uma doença, qualquer hipótese filosófica, seja ela qual for, que tenha ocupado previamente o intelecto do autor, deverá ser suspensa. Isso deve ser feito: o fenômeno claro e natural da doença deverá ser registrado, isso e somente isso.[136]

Pelo contrário, outros autores na Antiguidade tardia e nos períodos do Cristianismo primitivo consideram a medicina e a filosofia idênticas. Marco Terêncio Varrão (116-27 a.C.), para citar um, incluía a medicina entre as sete artes liberais e Flávio Magno Aurélio Cassiodoro Senador (490-585) e Magno Félix Enódio (473-521) identificaram o filósofo (*philosophus*) e o

---

PELLEGRINO, Edmund Daniel. Medicine and Philosophy: Some Notes on the Flirtations of Minerva and Aesculapius. *Annual Oration of the Society for Health and Human Values,* November 1973, Society for Health and Human Values, Philadelphia, 1974.

[135] Cf. KING, Lester S. *The Philosophy of Medicine: The Early Eighteenth Century*. Cambridge: Harvard University Press, 1978.

[136] SYDENHAM, Thomas. Medical Observations Concerning the History and Cure of Acute Diseases (3rd ed., 1676). *In: The Works of Thomas Sydenham*. Translated by R. G. Latham. Volume I. London: The Sydenham Society, 1848, p. 11-21, reimpresso em: KING, Lester S. (ed.). *A History of Medicine: Selected Readings.* New York: Pinguin, 1971, p. 118.

médico (*medicus*) na mesma pessoa.[137] Essa interconexão entre medicina e filosofia tornou-se ainda mais forte no final do século XVI e no século XVII, à medida que a influência crescente da física e das ciências experimentais na medicina tornavam-se cada vez mais claras. A descoberta do telescópio e do microscópio abriu novos caminhos para a observação da natureza e para a possibilidade de submeter as especulações filosóficas à verificação empírica.[138] Por outro lado, diante dessas observações, pode-se dizer que têm sido frequentemente interpretadas e expressas por sistemas filosóficos mais recentes. Os sistemas filosóficos construídos por Descartes, Leibniz, Malebranche, Bacon e outros autores estavam intimamente ligados às novas visões da realidade, descobertas graças ao acesso que as novas ferramentas proporcionavam tanto para a investigação do microcosmo quanto do macrocosmo.

No século XVII, os "filósofos naturalistas" e os novos filósofos da ciência se interessavam frequentemente pela medicina, tanto como ciência quanto como ramo da química: médicos *ou* matemáticos. Eles trocaram ideias e, ocasionalmente, sugestões sobre a metodologia apropriada para investigar a natureza. A medicina, por ser uma ciência experimental e, em muitos aspectos, também uma ciência humana, ocupou um lugar central nas discussões. Mais tarde, no século XVIII, quando os ensaios clínicos e as pesquisas foram introduzidos na medicina, o interesse filosófico mudou para os problemas nosográficos, para a lógica dos diagnósticos e das teorias de saúde e seus procedimentos terapêuticos, e também se referiu à lógica da inferência estatística e às concepções de causalidade.[139]

Nos últimos vinte e cinco anos, as reflexões filosóficas sobre a medicina voltaram a se deslocar, desta vez voltaram-se para uma

---

[137] Cf. RICHÉ, Pierre. *Education and Culture in the Barbarian West: From the Sixth through the Eighth Century*. Translated by J. J. Contreni. Columbia: University of South Carolina Press, 1978, p. 46, note 206.

[138] Cf. WILSON, Catherine. *The Invisible World: Early Modern Philosophy and the Invention of the Microscope*. New Jersey: Princeton University Press, 1995.

[139] Cf. ENGELHARDT, JR., Hugo Tristram; SCHAFFNER, Kenneth F. Philosophy of Medicine. *In:* CRAIG, Edward (ed.). *Encyclopedia of Philosophy*. Vol. 6. London: Routledge, 1998.

medicina entendida como iniciativa ética (*ethical enterprise*).[140] Na década de 1960, os filósofos foram atraídos para a necessidade de uma análise mais rigorosa e sofisticada, que dizia respeito aos dilemas apresentados pelo progresso médico, uma análise mais profunda do que aquela que a própria medicina fornecia. Médicos e filósofos baseavam-se em princípios e conceitos desenvolvidos dentro das mais importantes tradições éticas, a saber, a clássica, a medieval, a kantiana e a utilitarista. Mais recentemente, à medida que os filósofos também começaram a explorar questões práticas, eles descobriram a necessidade de uma base mais sólida para a ética médica do que a análise ética, os problemas, os dilemas ou a casuística poderiam fornecer. Como resultado, a pesquisa foi direcionada para teorias alternativas àquelas baseadas em princípios: tornaram-se importantes teorias éticas baseadas na casuística, filosofias de cura, baseadas na experiência ou virtude. Na Europa, deu-se mais atenção do que nos Estados Unidos para as teorias como a hermenêutica, a fenomenologia e as teorias relacionais baseadas na anamnese e nas relações interpessoais, exemplificadas pela ética médica e sua prática.[141]

Hoje é igualmente evidente que a ética médica não pode ser buscada sem informações que se aproximem da moralidade como propõe a filosofia *da* medicina.[142] A ética médica exige clareza não apenas quanto aos conceitos éticos dos quais depende, mas, evidentemente, também quanto aos fins e objetivos da medicina como tal. A cura, o tratamento, o sofrimento, a finitude e toda a variedade de outros conceitos a ela ligados, devem vir a

[140] Cf. PELLEGRINO, Edmund Daniel. The Metamorphosis of Medical Ethics: A 30 Year Retrospective. *Journal of the American Medical Association,* v. 269, n. 9, 1993, p. 1158-1162.

[141] Cf. SUNDSTRÖM, Per. *Icons of Disease: A Philosophical Inquiry Into the Semantics, Phenomenology and Ontology of the Clinical Conceptions of Disease.* Linkoping (Sweden): Linkoping University Press, 1987; cf. VAN DER STEEN, Wim J.; THUNG, P. J. *Faces of Medicine: A Philosophical Study.* Dordrecht: Kluwer Academic Publishers, 1988; cf. WULFF, Henrik R.; PEDERSEN, Sting Andur; ROSENBERG, Raben (ed.). *Philosophy of Medicine: An Introduction.* Boston: Blackwell Scientific Publications, 1986.

[142] Cf. GRODIN, Michael A. (ed.). *Meta Medical Ethics: The Philosophical Foundations of Bioethics.* Dordrecht: Kluwer Academic Publishers, 1995; cf. GILLON, Raanan. *Philosophical Medical Ethics.* New York: John Wiley and Sons, 1986.

ser colocados e justificados como objetos de pesquisa filosófica sobre sua relação com os objetivos da medicina. Por fim, fica evidente a necessidade de interpretações recíprocas propostas pela filosofia e pela medicina, visto que a ciência e a prática da medicina e a relação curativa tornaram-se campos ativos de investigação.

Modelos filosóficos II: filosofia *na* medicina

Pela expressão filosofia *na* medicina, entendo a aplicação de campos específicos e reconhecidos da filosofia – por exemplo, a lógica, a metafísica, a axiologia, a ética, a estética – aos conteúdos da medicina. Isso é essencialmente o que Engelhardt e Schaffner definiram como "filosofia da medicina". Muito de sua atenção é devotada ao estudo filosófico dos fundamentos científicos da medicina. E é nesse sentido que as publicações, artigos e livros mais recentes passam a interpretar a filosofia da medicina. Além disso, desse ponto de vista, as teorias do conhecimento médico ou da ética, por exemplo, baseavam-se em teorias epistemológicas ou de filosofia moral pré-existentes que eram aplicadas a problemas, conceitos ou experiências no campo da medicina.[143]

O diagnóstico médico, por exemplo, é rigorosamente verificado, e os conceitos de saúde e doença são examinados em virtude de seu estatuto ontológico ou epistemológico. Nestes casos, o ponto de partida é um problema que diz respeito à filosofia como tal. Os conceitos, os métodos ou os postulados científicos em geral, ou das ciências sociais, da estatísticas, da lógica etc., são vistos de acordo com o que pode ser especificado nas atividades próprias da medicina.[144]

[143] Cf. GILLON, Raanan. *Philosophical Medical Ethics.* New York: John Wiley and Sons, 1986; cf. CULVER, Charles Marriot; GERT, Bernard. *Philosophy in Medicine: Conceptual and Ethical Issues in Medicine and Psychiatry.* Oxford: Oxford University Press, 1982; cf. BALDINI, Massimo. *Epistemologia contemporanea e clinica medica.* Firenze: Città di Vita, 1975; cf. REZNEK, Lawrie. *The Nature of Disease.* New York: Routledge e Keegan Paul, 1987.

[144] Cf. KING, Lester Snow. *Medical Thinking: A Historical Preface.* Princeton, N.J.: Princeton University Press, 1982.

Wulff e colaboradores, por exemplo, baseiam-se na fenomenologia, na hermenêutica e no existencialismo ao se referir à filosofia de Kierkegaard, Heidegger e Gadamer para obter abordagens interpretativas dos fenômenos médicos.[145] Da mesma forma, Natanson deduz da filosofia de Heidegger e da análise do *dasein* argumentos para apoiar os dados da psiquiatria clássica.[146] Sinha busca abordagens cognitivas para os conceitos de saúde e doença e para os problemas ontológicos, axiológicos e epistemológicos da medicina na tradição filosófica asiática.[147] No mesmo espírito, Fleck garante a epistemologia sociocultural da ação médica,[148] e Foucault faz o mesmo no que diz respeito ao "olhar" do clínico e à emergência da clínica.[149]

Outro exemplo é o uso que Brody faz do método do equilíbrio reflexivo de Rawls para estudar o efeito placebo e a ética associada ao seu uso.[150] Outros exemplos de filosofia na medicina seriam indizíveis em tratados de lógica médica.[151] E, da mesma forma, a exploração das questões relativas à explicação e ao raciocínio, bem como à probabilidade e à normalidade, fez uso de métodos filosóficos de análise. As pesquisas atuais sobre o uso da lógica bayesiana, sobre a inteligência artificial e a análise de decisão são outros exemplos da influência da filosofia na medicina.

---

145 Cf. WULFF, Henrik R.; PEDERSEN, Sting Andur; ROSENBERG, Raben (ed.). *Philosophy of Medicine: An Introduction.* Boston: Blackwell Scientific Publications, 1986.

146 Cf. NATANSON, Maurice. Philosophy and Psychiatry. *In:* STRAUS, Erwin W.; NATANSON, Maurice.; EY, Henri. (eds.). *Psychiatry and Philosophy*. New York: Springer, 1989, p. 85-110.

147 Cf. SINHA, Ajit Kumar. *Philosophy of Health and Medical Sciences.* Ambala Cantt, India: Associated Publishers, 1983, p. 10; cf. Department of Philosophy of Medicine and Science, Institute of History of Medicine. *Philosophy of Medicine and Science: Problems and Perspectives.* New Delhi: Institute of History of Medicine and Medical Research, 1972.

148 Cf. FLECK, Ludwik. *Genesis and Development of a Scientific Fact.* Chicago: University of Chicago Press, 1979.

149 Cf. FOUCAULT, Michel. *The Birth of the Clinic: An Archaeology of Medical Perception.* New York: Pantheon Books, 1973.

150 Cf. BRODY, H. *Placebos and the Philosophy of Medicine: Clinical, Conceptual, and Ethical Issues.* Chicago: University of Chicago Press, 1980.

151 Cf. BLANE, Gilbert. *Elements of Medical Logic.* London: Underwood, 1819; cf. OESTERLEN, F. *Medical Logic.* Edited and Translated by G. Whitney. London: Synderham Society, 1855; MURPHY, Edmond A. *The Logic of Medicine.* Baltimore: Johns Hopkins University Press, 1976.

Evidentemente, a filosofia *na* medicina foi e é frutífera tanto para a medicina quanto para a filosofia. No que diz respeito à filosofia, é pela descoberta de temas de interesse intrínseco à própria iniciativa filosófica. No que diz respeito à medicina, é porque modalidades que não eram próprias da linguagem e do método da própria medicina se abrem para o seu conteúdo.

O exemplo mais fecundo do poder da filosofia sobre a medicina é o sistema baseado nos princípios de Beauchamp e Childress.[152] Eles habilmente e sabiamente tomaram quatro princípios da "moralidade comum" como conselheiros e guias de importância primária na solução de problemas práticos e dilemas em ética médica. Mas o sucesso de seu sistema está agora sendo questionado porque os princípios que eles assumiram não se baseiam em uma filosofia moral mais geral ou fundamental.[153] Por acreditar que os princípios são essenciais para qualquer ética da medicina que queira sobreviver, tentei fundamentá-los em uma filosofia da medicina, que deriva dos fenômenos clínicos da própria medicina.[154] Ao fazer isso, espero mostrar que não há conflito essencial entre a filosofia *na* medicina e a filosofia *da* medicina.

Modelos filosóficos III: filosofia médica

Outra categoria que precisa de definição é a filosofia médica (*medical philosophy*), que é a expressão mais imprecisa e menos definida da terminologia atual. Entendemos como todas as reflexões despretensiosas que são feitas na prática da medicina, geralmente por médicos da área clínica, e tais observações são baseadas em

---

[152] Cf. BEAUCHAMP, Tom L.; CHILDRESS, James F. *Principles of Biomedical Ethics.* Oxford: Oxford University Press, 1994.

[153] Cf. CLOUSER, K. Danner; GERT, Bernard. A Critique of Principlism. *The Journal of Medicine and Philosophy: A Forum for Bioethics and Philosophy of Medicine,* v. 15, n. 2, 1990, p. 219-236. Disponível em: https://doi.org/10.1093/jmp/15.2.219.

[154] Cf. PELLEGRINO, Edmund Daniel. The Four Principles and the Doctor-Patient Relationship: The Need for a Better Understanding. *In:* GILLON, Raanan. (ed.). *Principles of Health Care Ethics.* Chichester (England): John Wiley & Sons, 1994, p. 353-366.

sua experiência clínica pessoal. A este respeito, podemos incluir os diferentes "estilos" de exercício da profissão: o entusiasmo terapêutico, o niilismo ou o minimalismo; o entusiasmo diagnóstico que não descura nem mesmo os testes inusitados; aquele diagnóstico "artístico" que busca uma forma elegante de "limpeza" clínica, que seleciona precisamente o número e o tipo certo de exames; por fim, podemos citar aqueles que desejam ser amigos do paciente ou aqueles que, por outro lado, sentem que certa "distância" é mais operativa para a relação terapêutica; há quem prefira maneiras formais ou informais de tratamento ou vestimenta etc. É claro que argumentos desse tipo raramente são tratados na análise formal, mas são discutidos como formas de trabalhar para o bom ou mau atendimento ao paciente.

Propõe-se também uma espécie de filosofia médica, que se alicerça naquele bom senso clínico próprio da experiência e da reflexão dos médicos e que sempre foi fonte de inspiração e conhecimento prático para os médicos conscienciosos. Entre aqueles que escrevem em inglês, pense em William Osler[155] e Francis Peabody[156], ou autores como Richard Cabot[157] e Lewis Thomas[158].

Não se pode dizer que suas obras sejam filosóficas no sentido formal, mas sim em um sentido mais informal, no sentido tradicional da busca pela sabedoria: no caso deles, quando a sabedoria emerge de um pensamento reflexivo e meditado, implementado ao longo dos anos de aprendizagem por meio da experiência. Eles são exemplos de sabedoria prática, aquele tipo de compreensão mediada que vai além do empirismo da prática, mas sabe como apreender o conteúdo da noção grega de *techne*.[159]

---

[155] Cf. OSLER, William. *Aequanimitas: With Other Addresses to Medical Students, Nurses, and Practitioners of Medicine.* Philadelphia: P. Blakinston's Son and Company, 1905.

[156] Cf. PEABODY, Francis Weld. *Doctor and Patient: Papers on the Relationship of the Physician to Men and Institutions.* New York: MacMillan, 1930.

[157] Cf. CABOT, Richard Clarke. Introduction. *In:* CABOT, Richard Clarke. *Differential Diagnosis.* 3rd Ed. Vol. I. Philadelphia and London: W. B. Saunders Company, 1916, p. 17-23; cf. CABOT, Richard Clarke. *What Men Live By: Work, Play, Love, Workship.* Boston and New York: Houghton Miffllin Company, 1914.

[158] Cf. THOMAS, Lewis. *The Youngest Science: Notes of a Medicine Watcher.* New York: Viking Press, 1983.

[159] Cf. PLATO. Gorgias. In: *The Collected Dialogues of Plato.* Edited by Edith Hamilton and Huntington Cairns. Bolligen Series LXXI. New Jersey: Princeton University

Em contraste com esse tipo de filosofia médica despretensiosa, bem fundamentada na sabedoria adquirida por médicos especialistas, aparecem as importantes teorias e sistemas de medicina que se estabeleceram no final dos séculos XVII e XVIII.[160] Eram tentativas de classificar, explicar e tratar doenças de acordo com as aplicações mais quiméricas de noções e conceitos quase filosóficos. Algumas lições usam o animismo de Stahl, a teoria do estímulo de John Brown, o mecanismo de Hoffman, a homeopatia de Hahnemann, bem como vitalismo, mesmerismo e muitas outras teorias menos conhecidas são, sem exceção, discutidas apaixonadamente. Algumas outras correntes especulativas da filosofia médica foram diretamente influenciadas por sistemas filosóficos: a influência de Descartes em O. J. de la Mettrie é conhecida, a de Condillac em Pinel, ou a de Leibniz em Hoffman.[161]

O fato de Descartes "flertar" (*Descartes' flirtations*) com a medicina explica como pode ser complexa a contribuição de um importante filósofo para a medicina. Em primeiro lugar, Descartes desejava traçar "preceitos para a medicina [...] mais sólidos do que aqueles que foram alcançados até agora".[162] Ao mesmo tempo, Descartes tentou encontrar uma definição para a medicina que caracterizasse os objetivos, os resultados, os fins da vida humana e da ética. Por fim, ele desejava fundamentar a medicina em evidências incontestáveis e usá-las para manter e prolongar

---

Press, 1982, p. 283-284, 501a; cf. PLATO. Phaedrus. In: *The Collected Dialogues of Plato.* Edited by Edith Hamilton and Huntington Cairns. Bolligen Series LXXI. New Jersey: Princeton University Press, 1982, p. 513-516, 568b-d; 270b-c.

160 Cf. CASTIGLIONE, Arturo. *A History of Medicine.* New York: Alfred Knopf and Company, 1941; cf. GARRISON, Fielding Hudson. *An Introduction to the History of Medicine.* 4th Ed. Philadelphia: W. B. Saunders, 1966; cf. KING, Lester S. *The Philosophy of Medicine: The Early Eighteenth Century.* Cambridge: Harvard University Press, 1978; cf. FRENCH, Roger; WEAR, Andrew (Eds.). *The Medical Revolution of the Seventeenth Century.* Cambridge: Cambridge University Press, 1989.

161 Cf. CASTIGLIONE, Arturo. *A History of Medicine.* New York: Alfred Knopf and Company, 1941, p. 582-593; cf. GARRISON, Fielding Hudson. *An Introduction to the History of Medicine.* 4th Ed. Philadelphia: W. B. Saunders, 1966, p. 310-319.

162 Cf. DESCARTES, René. Discourse on Method. *In:* DESCARTES, René. *Oeuvres.* Vol. III, 78, 1. 8-13, como citado por: CARTER, R. B. *Descartes Medical Philosophy: The Original Solution of the Mind-Body Problem.* Baltimore: Johns Hopkins University Press, 1983, p. 4.

sua própria vida e saúde.[163] Descartes usa a filosofia *na* medicina para desenvolver as regras e preceitos da medicina, usa a filosofia *da* medicina para desenvolver os propósitos da vida humana e usa a filosofia *e* a medicina para matematizar a medicina e torná-la uma área de sua filosofia.

Sentindo essas dificuldades, como já esclarecemos com relação a Descartes e com os outros trabalhos citados acima, voltarei agora para aquela parte do espectro de reflexão que acredito caracterizar apropriadamente como uma filosofia da medicina.

Modelos filosóficos IV: filosofia *da* medicina

A filosofia da medicina consiste em uma reflexão crítica sobre a questão da medicina, ou seja, sobre o conteúdo, sobre o método, sobre os conceitos e sobre os pressupostos da medicina *como medicina*. Para tanto, a filosofia da medicina, necessariamente, deve ir além dos métodos da medicina (isto é, além dos métodos próprios da ciência, da observação clínica e do julgamento clínico). Seus propósitos são diferentes daqueles da medicina considerada *por si mesma*. A filosofia da medicina faz do método adequado e do conteúdo da medicina um objeto de estudo de acordo com a metodologia filosófica. A filosofia da medicina busca o conhecimento filosófico que pertence à própria medicina. Tenta compreender o que *é* a medicina e o que a distingue das outras disciplinas e da própria filosofia. Portanto, tenta mostrar o que é a medicina, como fizeram os médicos hipocráticos em seus dois tratados sobre a natureza da medicina (*A Arte Médica* e *A Medicina Antiga*).[164] E isso está longe de ser uma tarefa trivial,

163 Cf. GILSON, Étienne. *The Unity of Philosophical Experience.* New York: Charles Scribner's Sons, 1937, p. 147-148.

164 Cf. HIPPOCRATES. The Art. *In:* HIPPOCRATES. *Prognostic. Regimen in Acute Disease. The Sacred Disease. The Art. Breaths. Law. Decorum. Physician (Ch. 1). Dentition.* Translated by W. H. S. Jones. Loeb Classical Library 148 (Hippocrates: Volume II). Cambridge, MA: Harvard University Press, 1981, p. 185-218; cf. HIPPOCRATES. *Ancient Medicine.* Translated by W. H. S. Jones. Loeb Classical Library 147 (Hippocrates: Volume I). Cambridge, MA: Harvard University Press, 1972, p. 1-64.

mas uma façanha para colocá-lo claramente. Lain-Entralgo, talvez o mais astuto comentarista da Escola Hipocrática, acredita que esse problema é o mais profundo e crucial entre os propostos por todo o Corpus Hipocrático.[165] Lester King é forçado a confessar que abandonou seu plano de escrever uma história da medicina do século XVIII porque não conseguia definir "o que era a medicina".[166]

A filosofia da medicina se relaciona com a filosofia da mesma forma que as filosofias da história, da arte, do direito, da literatura etc., relacionam-se às suas respectivas disciplinas. Em todo caso, a reflexão crítica busca algo que vá além do conteúdo das disciplinas, algo que vá além dos métodos de pesquisa específicos de cada uma delas, consideradas em si mesmas. A filosofia de qualquer disciplina é, portanto, constituída pela pesquisa sobre os fundamentos, por aquela compreensão profunda da realidade das coisas estudadas, que está além e acima daquilo que constitui o estudo da disciplina.

É impossível definir claramente o que constitui a filosofia da medicina sem definir a própria definição da medicina. Portanto, o debate em torno da questão de saber se a filosofia da medicina constitui algo diferente da filosofia da ciência depende do que entendemos por medicina. Se a medicina nada mais é do que um campo da ciência, ou seja, se a consideramos igual às ciências básicas da medicina (como, por exemplo, a anatomia, a fisiologia, a bioquímica), então, a filosofia da medicina é, consequentemente, apenas filosofia da ciência. Mas, se a medicina inclui atividades que vão além daquelas inerentes e próprias à busca do conhecimento científico, então, a filosofia *da* medicina se constitui como uma entidade separada e separável da filosofia da ciência. Se a medicina não é ciência, esse é um problema que deve ser respondido recorrendo aos fatos e ao plano fenomenológico, por um lado, e por meio da filosofia da medicina, por outro.

---

[165] Cf. LAIN-ENTRALGO, Pedro. Quaestiones Hippocraticae: Disputate Tres. *In: La Collection Hippocratique et Son Rôle Dans L'Histoire de la Médicine*: Colloque de Strasbourg. Leiden: E. J. Brill, 1975.

[166] Cf. KING, Lester S. *The Philosophy of Medicine: The Early Eighteenth Century.* Cambridge: Harvard University Press, 1978;

Evidentemente, a medicina baseia-se em parte nas ciências da fisiologia e fisiopatologia humanas, bem como na farmacologia, na microbiologia, na psicologia, na genética e assim por diante. Essas disciplinas são, afinal, o território dos fenômenos físicos, químicos e biológicos, observáveis com o método científico, quando se estuda a funcionalidade do organismo humano. O objetivo e o propósito das ciências básicas da medicina consistem na busca da verdade e reside na capacidade de compreender a realidade e os mecanismos que regulam o corpo humano e suas disfunções a ponto de ser objeto de observação, de formulação de hipóteses e de manipulação experimental. Mas, a medicina é algo mais do que a busca pela verdade científica. Ela constitui uma busca da verdade determinada por um propósito prático, ao qual serve a verdade, a saber, para a saúde e o cuidado dos seres humanos.

A medicina, como medicina (medicine *qua* medicine), surge no encontro clínico ou na saúde pública quando os conhecimentos das ciências fundamentais da medicina são utilizados para um fim específico, isto é, para auxiliar, moderar, melhorar ou prevenir doenças nos indivíduos ou grupos humanos. A medicina, como medicina, portanto, não se concretizou apenas por meio dos fins e objetivos propostos pelas ciências. Ela utiliza o conhecimento científico para fins próprios e específicos, que se constituem em curar, assistir, tratar e prevenir enfermidades e doenças, e consistem na promoção da saúde, ou seja, aquela condição ótima que resulta na plena funcionalidade de todo o organismo humano ou da sociedade humana. Atingir esses objetivos com os pacientes, sejam eles indivíduos ou famílias, é a tarefa da medicina clínica; obtê-los para a comunidade e grupos sociais é tarefa do serviço nacional de saúde[167] ou mesmo da medicina social.

A filosofia *da* medicina como medicina tem também como conteúdo os problemas da clínica médica e do serviço nacional de saúde, que examina do ponto de vista de sua perspectiva interna, que é diferente do ponto de vista da ciência, e mesmo da própria

[167] [N. do T.] No caso do Brasil, o serviço de saúde nacional é o Sistema Único de Saúde (SUS).

clínica médica ou do serviço nacional de saúde. A filosofia da medicina busca apreender a natureza e os fenômenos do *diálogo clínico*, ou seja, busca compreender a interação entre pessoas que precisam de ajuda por meio de modalidades específicas relacionadas à saúde e outras pessoas que lhes oferecem ajuda e são designadas pela sociedade para tal.

A filosofia da medicina está, portanto, interessada nos fenômenos que caracterizam a relação humana com a saúde, com a enfermidade, com a doença, com a morte e se confronta com o desejo de prevenção e de cura. Este fato está enraizado nos conceitos e teorias que consideram a cura, a assistência, a saúde, a enfermidade, a doença, o bem-estar do paciente e tem a ver com as demandas morais que o doente apresenta ao saudável, à sociedade e às profissões da saúde. Conceitos como aleatoriedade, probabilidade, taxonomia, lógica e conceitos relativos à relação corpo-mente são estudados como um setor da filosofia da medicina, justamente pela dimensão que os caracteriza, pois isso é típico da relação humana com o bem-estar corporal, com o bem-estar psicológico ou com as disfunções. A filosofia da medicina examina essas ideias e esses fenômenos na medida em que surgem como necessidades próprias da experiência individual, na relação dos médicos com os pacientes ou mesmo nas relações entre médicos, pacientes e grupos sociais.

A medicina aborda qualquer disciplina que considere importante para o cumprimento de sua finalidade, *telos*, a decisão terapêutica correta e válida em favor de um indivíduo ou grupos sociais. A medicina, adaptando-se a si mesma, utiliza todos aqueles setores apropriados do conhecimento e válidos em vista de sua finalidade, *telos*. Portanto, a medicina, como medicina, nasce quando se apropria de um saber e de um método, sem olhar para a sua origem, mas, antes, em vista de sua finalidade e de suas intenções curativas.[168]

[168] Cf. PELLEGRINO, Edmund Daniel. Toward a Reconstruction of Medical Morality: The Primacy of the Act of Profession and the Fact of Illness. *The Journal of Medicine and Philosophy*, v. 4, n. 1, 1979, p. 32-56. Disponível em: https://doi.org/10.1093/jmp/4.1.32; cf. PELLEGRINO, Edmund Daniel. The Healing Relationship: The Architectonics of Clinical Medicine. *In:* SHELP, EARL. *The*

Desse modo, a medicina não constitui a soma aritmética das disciplinas a partir das quais se projeta, quer sejam as ciências humanas e sociais, quer sejam as ciências físicas e biológicas. A filosofia da medicina, portanto, não corresponde à soma da filosofia da ciência, da biologia, das ciências sociais, da literatura e assim por diante. A sua esfera própria é constituída pela forma como conduz os conceitos, os postulados e as metodologias próprias das disciplinas das quais se baseia e que são vistos de formas diferenciadas tanto pela complexidade das relações humanas quanto pelos objetivos que essas relações apresentam no próprio campo da medicina.

Por exemplo, um estudo filosófico da causalidade pode ser abordado de vários pontos de vista. Como um tópico pertencente ao campo da filosofia da ciência, pode ser necessário vê-lo em sua forma mais geral. E isso exigiria uma abstração das diferentes maneiras pelas quais a causalidade opera na relação médica. Este ponto de vista pode ser o da filosofia *na* medicina ou a filosofia da ciência *na* medicina. Mas, se a ênfase fosse sobre os aspectos que tornam a causalidade única em doenças e enfermidades – se tal hipótese existe – então teríamos que ver com a filosofia da medicina. Nesse ponto, a atenção deve ser dirigida aos fenômenos da medicina, quanto àquele tipo particular de atividade que ela constitui. Claude Bernard reconheceu essas diferenças que obscurecem a ideia de causalidade em seu trabalho histórico sobre a medicina experimental.[169]

Da mesma forma, um estudo das teorias bayesianas pode ser visto como um problema de lógica matemática. No entanto, isso

---

Clinical Encounter: The Moral Fabric of the Patient-Physician Relationship. 4th Ed. Dordrecht: Springer, 1983, p. 153-172.

[169] Cf. WALLACE, William A. *Causality and Scientific Explanation.* Vol. II: Classical and Contemporary Science. Ann Arbor: University of Michigan Press, 1974, p. 141-154. [N. do T.] Pellegrino não informa em sua coletânea a obra de Claude Bernard (1813-1878) comentada por William A. Wallace. Por se tratar do conceito de causalidade na medicina experimental é muito provável que seja *Introdução ao Estudo da Medicina Experimental*, de 1865. Veja-se a versão original: BERNARD, Claude. *Introduction à l'étude de la médecine expérimentale.* Paris: J. B. Baillière et Fils, 1865; e também uma versão traduzida ao inglês: BERNARD, Claude. *An Introduction to the Study of Experimental Medicine.* New York: Dover Publications, Inc., 1957.

se tornaria um problema de filosofia da medicina se, e se houvesse, elementos para a aplicação da lógica bayesiana às realidades próprias da observação médica e das decisões relacionadas. Novamente, a filosofia da psicologia focalizaria sua atenção na natureza do problema mente-corpo, visto como um fenômeno geral da vida humana. Examinado, porém, como uma questão dentro da filosofia da medicina, o interesse central estaria colocado no doente, na singularidade de sua angústia, no tema do vício, do sofrimento, da vulnerabilidade e na possibilidade de que a pessoa em busca de ajuda é explorada por outra pessoa que, por outro lado, tem o poder e a capacidade de ajudar e curar e de prejudicar. Desse modo, a centralidade da relação mente-corpo mudaria para a maneira como a mente pode produzir doenças e disfunções no corpo, ou inversamente, para as maneiras como o corpo pode causar disfunções emocionais e psíquicas.

Qualquer tópico examinado como pertencente à filosofia da medicina deve começar tratando de fatos, fenômenos e dados relativos à própria medicina. Tal estudo terá origem no que *constitui* a medicina como um fenômeno da vida real. Por sua vez, a filosofia da medicina servirá para definir o que é a medicina no plano ontológico e no plano moral. Este certamente constitui um ponto de vista mais restrito do que as definições mais amplas da filosofia *da* medicina, mas é mais conveniente pela profundidade e pelos níveis de compreensão, e ao alcance dos fundamentos que caracterizam a reflexão filosófica no que se refere à própria medicina.

A ênfase dada às realidades e aos fenômenos da medicina não significa que os médicos sejam os melhores, ou os únicos, filósofos da medicina. Por razões óbvias de inadequação ou por falta de uma formação filosófica regular e também por uma identificação pessoal com os fenômenos, na medida em que os médicos são pessoas ou na medida em que são profissionais, e também por sua inclinação para o positivismo científico, eles não podem ser considerados plenamente preparados. Os médicos podem carecer da distância emocional e intelectual exigida pela análise crítica de seu campo de pesquisa. Por outro lado, os filósofos que acreditam possuir distância crítica não estão necessariamente qualificados como filósofos na medicina. Filósofos ou médicos, pessoas que refletem filosoficamente sobre os problemas médicos, devem, igual e simultaneamente, considerar os fenômenos da medicina e as leis da pesquisa filosófica válida.

Nesse ponto, e dadas essas considerações como válidas, pode-se objetar que o problema permanece: o que estamos descrevendo não é simplesmente a soma total de conhecimentos e ferramentas que dizem respeito basicamente à medicina como ciência básica? A isso respondemos que a diferença está na perspectiva unificadora e na capacidade de integrar os aspectos que caracterizam os conceitos de assistir e curar, pois são típicos da medicina e não podem ser inseridos em nenhuma outra ciência que não participe. No entanto, a objeção agora poderia assumir a seguinte forma: um microbiologista trata e auxilia ao sintetizar um antibiótico com o propósito expresso de matar uma determinada bactéria, vírus ou fungo. Ao fazer isso, a microbiologia não se torna medicina? Ou o microbiólogo não é médico?

Em um sentido estrito, ele é, na medida em que a microbiologia é hoje a ciência básica da medicina e, dessa forma, se diferencia do estudo da genética bacteriana ou viral, que não tem nenhuma finalidade terapêutica em vista. Mas, não se trata de medicina no sentido pleno do termo, uma vez que, para se constituir em medicina, os resultados da microbiologia devem ser integrados à vida de cada paciente ou dos grupos sociais por meio da mediação das relações interpessoais. O conhecimento da microbiologia é essencial para curar uma infecção, mas não é suficiente para "curar" o paciente. O processo de tratamento exige uma compreensão muito mais completa do paciente como pessoa, exige a interpretação do espaço que *esta* doença ocupa na sua vida *neste* momento e, no que se refere ao futuro, a interpretação das dimensões éticas e da inter-relação entre o paciente e seu ambiente é necessária: pessoas, lugares, compromissos e assim por diante, próprios de sua história pessoal. Nenhuma das ciências da medicina – clínica, básica, epidemiológica e assim por diante, mesmo a psicológica – compreende totalmente todas as dimensões que são inerentes à cura e à assistência. A relação interpessoal entre aqueles que tratam os pacientes condiciona o processo de tratamento, de formas ainda vagamente compreendidas, não só nos distúrbios "psicológicos", mas também nos "fisiológicos". Psique e soma, mente e corpo, são inseparáveis tanto na saúde quanto na doença, tanto para os indivíduos quanto as sociedades. Assim como nos indivíduos, as sociedades têm sua própria fisiologia e também sua patologia; assim como nos indivíduos, podem ser curadas ou danificadas. Tanto os indivíduos quanto as sociedades implicam a relação entre as pessoas para um propósito específico que, evidentemente, não está contido na ciência como ciência.

A medicina deve se ocupar com o "bem-estar" do paciente. Como David Thomasma e eu apontamos em outro lugar, o bem-estar do paciente constitui uma noção composta. Não é sinônimo do estar bem do paciente, no sentido médico. Na verdade, curar significa "tornar saudável novamente". Portanto, a avaliação e a ação de promoção de todas as quatro áreas que compõem o bem-estar do paciente estão inseridas no conceito de saúde: o bem-estar biomédico do paciente, sua concepção pessoal de bem-estar para ele como indivíduo, seu bem-estar como membro da espécie humana (ou seja, o bem para os seres humanos) e seu bem-estar como ser espiritual (ou seja, o bem da alma).[170] O conceito de integridade constitui a finalidade específica da medicina em sua conexão com a pesquisa-limite, que se realiza por meio da relação entre e em meio as pessoas. E, evidentemente, não é esse o propósito que caracteriza nenhuma das ciências básicas da medicina. No entanto, sem o conceito de cura, a medicina como tal não existe.

Em suma, a medicina abrange um amplo espectro de ciências físicas e sociais, assim como as ciências humanas. Mas o reconhecimento e a identidade da medicina são colocados no princípio

[170] Cf. PELLEGRINO, Edmund Daniel; THOMASMA, David C. *For the Patient's Good: The Restoration of Beneficence in Health Care.* Oxford: Oxford University Press, 1987 [N. do T.] tradução brasileira: *Para o bem do paciente: a restauração da beneficência nos cuidados da saúde.* São Paulo: Loyola, 2018; cf. PELLEGRINO, Edmund Daniel; THOMASMA, David C. *The Virtues in Medical Practice.* Oxford: Oxford University Press, 1993.

norteador do tratamento, no ser centrado nas relações humanas, em sua capacidade de ir além de um simples acréscimo de fragmentos díspares de informação, capturados em uma ampla variedade de âmbitos, e nas necessidades, ao mesmo tempo, de seu compromisso ético e de seu envolvimento com os aspectos técnicos da doença e da cura.

Novamente, é importante enfatizar que a medicina abrange pontos de vista e percepções provenientes tanto das ciências humanas quanto das ciências físicas e sociais. A cura é uma experiência como a doença e o sofrimento. A literatura, a história, a filosofia, a linguística e a teologia apresentam inúmeras e profundas percepções sobre este tipo de experiência humana, e, desse ponto de vista, a medicina se apresenta como uma "disciplina humanística", mas a medicina se distingue das demais disciplinas humanísticas porque sua finalidade específica (*telos*) é ajudar e curar. As humanidades pedem ser utilizadas assim como as ciências para auxiliar nos processos de cura, mas a cura não é a característica definidora da literatura em si, permita-me dizer, no entanto, como o é, em sentido pleno, para a medicina. A filosofia da medicina vinculará conceitualmente a filosofia, a teologia, a ciência e assim por diante à medicina, mas certamente não as amalgamará ou confundirá consigo mesma.

A medicina também é uma iniciativa ética na medida em que é animada pela finalidade do bem-estar do paciente, e, certamente, para não lhe prejudicar; para isso, ela deve discernir o que é correto e vantajoso para o paciente, o que *deve ser* feito e também o que *pode ser* feito. As normas éticas no campo médico constituem, portanto, uma iniciativa moral, uma vez que o objetivo é o bem-estar do paciente, ou seja, o discernimento do que deve ser feito e do que pode ser feito. A filosofia da medicina, portanto, se concentrará nas normas éticas "internas" à medicina[171] – naquelas questões éticas que surgem no próprio tipo de atividade, que é a medicina; e essas normas éticas baseiam-se na relação curativa e

[171] Cf. LADD, John. The Contract Model of the Doctor-Patient Relationship: A Critique and an Alternative Ethics of Responsibility. *The Mount Sinai Journal of Medicine*, v. 60, n. 1, 1993, p. 6-10.

nos fenômenos relacionados à relação, bem como na competência profissional e nos meios adequados à própria relação curativa.[172]

A medicina tem sido chamada de a "ciência dos detalhes";[173] um tipo de definição útil, mas não preciso. É útil porque enfatiza a necessidade de levar em consideração as características existenciais específicas da experiência da doença e as necessidades que surgem no tratamento, na assistência ou na cura de cada paciente. Mas, a medicina – como medicina – também se interessa e é capaz de princípios gerais, ou seja, é capaz de construir uma teoria da medicina. As ciências, por sua vez, também estão profundamente interessadas no particular. No entanto, o fato de que as leis científicas gerais são o resultado da indução ou são aplicadas por meio da dedução vai além das instâncias particulares e condições específicas de experimentação ou observação. Em seus procedimentos, a ciência extrai a validade de suas afirmações da riqueza e dos vínculos de seus casos particulares. Uma solução química deve lidar com determinados elementos – com a temperatura, com a ligação iônica, com as substâncias ionizantes, com a valência iônica –, considerar o invólucro de hidratação e as condições de equilíbrio, e assim por diante. Se trata de uma ciência do particular tanto quanto a medicina. Mas, a teoria das soluções deve se abstrair desses elementos particulares em favor da estrutura geral das leis que governam todos os tipos de soluções.

À semelhança da teoria química das soluções, a filosofia da medicina inicia o seu percurso a partir dos elementos particulares,

---

[172] Cf. PELLEGRINO, Edmund Daniel; THOMASMA, David C. *For the Patient's Good: The Restoration of Beneficence in Health Care.* Oxford: Oxford University Press, 1987; cf. PELLEGRINO, Edmund Daniel; THOMASMA, David C. *A Philosophical Basis of Medical Practice: Toward a Philosophy and Ethic of the Healing Professions.* Oxford: Oxford University Press, 1981; cf. PELLEGRINO, Edmund Daniel; THOMASMA, David C. *The Virtues in Medical Practice.* Oxford: Oxford University Press, 1993; cf. PELLEGRINO, Edmund Daniel; THOMASMA, David C. *Helping and Healing: Religious Commitment in Health Care.* Washington, D.C.: Georgetown University Press, 1996; cf. PELLEGRINO, Edmund Daniel; THOMASMA, David C. *The Christian Virtues in Medical Practice.* Washington, D.C.: Georgetown University Press, 1996.

[173] GOROVITZ, Samuel; MACINTYRE, Alasdair. Toward a Philosophy of Medical Fallibility. *The Journal of Medicine and Philosophy: A Forum for Bioethics and Philosophy of Medicine,* v. 1, n. 1, 1976, p. 51-71. Disponível em: https://doi.org/10.1093/jmp/1.1.51.

considerando os fenômenos determinados por aquela atividade que é a medicina, e os fenômenos ligados aos seus fins curativos a favor dos indivíduos e dos grupos sociais. A prática, as normas éticas e o papel social da medicina dependem da filosofia da medicina a que nos referimos. Da mesma forma, podemos responder a esses problemas: quais são os objetivos da medicina e como e de que forma são determinados; o problema da dependência ou da independência da ética médica *em relação* à política, ao direito ou à economia; o lugar a ser atribuído à bioética; a resolução de conflitos interculturais em uma sociedade que se tornou global; e assim por diante. Essas são as contribuições que a filosofia da medicina pode dar àqueles que realmente a praticam; e é um dos critérios que Caplan apresenta para justificá-la como campo de pesquisa.[174] Nossa resposta a esta provocação deve esperar outros momentos.[175] Por ora, limitei-me a tentar mostrar que a filosofia da medicina existe e é um campo de estudo bem fundamentado e legítimo.

Conclusão

A reflexão filosófica sobre os conteúdos da medicina é uma iniciativa muito antiga. Supondo que projetos médicos e filosóficos possam ser construídos, o diálogo entre eles é inevitável. Podemos identificar quatro maneiras pelas quais a reflexão filosófica pode ser colocada: i) a filosofia *e* a medicina, ii) a filosofia *na* medicina, iii) a filosofia médica, e iv) a filosofia *da* medicina. Existem três visões sobre a natureza da filosofia *da* medicina: a) a filosofia da medicina não existe como um campo válido de pesquisa, b) a filosofia da medicina inclui todas as formas de reflexão filosófica, e

[174] Cf. CAPLAN, Arthur L. Does the Philosophy of Medicine Exist? *Theoretical Medicine*, v. 13, 1992, p. 70. Disponível em: https://doi.org/10.1007/BF00489220.

[175] Cf. PELLEGRINO, Edmund Daniel; THOMASMA, David C. *A Moral Philosophy for Medicine* (no prelo). [N. do T.] Em 1997, quando Giovanni Russo organizou sua publicação em comemoração aos 25 anos da bioética, esta publicação de Pellegrino e Thomasma estava em preparação e muito provavelmente foi publicada com outro título, o que dificulta a identificação da obra publicada. Por esse motivo é que não se indica outra publicação aqui.

c) a filosofia da medicina é uma área que pode ser definida em si mesma, uma forma particular de reflexão filosófica.

Argumentei neste capítulo da seguinte forma: 1) a filosofia da medicina é um campo que pode ser determinado por meio de sua própria perspectiva específica sobre o conteúdo da medicina; 2) seu próprio assunto e propósito (*telos*) são de natureza diferente daqueles das ciências médicas básicas; 3) a prática da medicina vem das ciências físicas, biológicas, sociais e das ciências humanas, mas a medicina não é um setor de nenhuma delas. Pelo contrário, as ciências pertencentes à medicina passam a fazer parte da medicina quando são utilizadas para promover os fins de cura, da assistência, da ajuda e do cuidado, que caracterizam a relação entre o médico e o paciente e entre a medicina e a sociedade. É uma investigação crítica, reflexiva, sistemática dos conceitos e pressupostos do encontro terapêutico entre pessoas humanas como indivíduos ou como grupos sociais, e este é o campo da filosofia da medicina, filosoficamente considerada.

IV

Bioética global: a minha filosofia

Van Rensselaer Potter[176]

O panorama atual

Desde o momento em que cunhei a palavra "bioética",[177] nunca mais me desviei do importante conceito que enfatiza a necessidade de uma sobrevivência "aceitável" e de longo prazo da espécie humana. Minha bioética é sempre definida como a tentativa de unir as ciências biológicas e os saberes que derivam das ciências humanas, na crença de que a ética não pode ser separada

[176] [N. do T.] Van Rensselaer Potter (1911-2001), biólogo e bioquímico, professor e pesquisador em oncologia, realizou sua atividade científica no *McArdle Laboratory for Cancer Resersh*, da Faculdade de Medicina da Universidade de Wisconsin, na cidade de Madison. Por muitos anos, foi presidente da American Association for Cancer Research, membro da Academia Nacional de Ciências dos Estados Unidos e membro honorário da Japanese Cancer Association. Recebeu a medalha de honra da American Cancer Society (1986) e vários doutorados *honoris causa* lhe foram conferidos. É autor de mais de 400 publicações no campo da pesquisa sobre câncer e bioética.

[177] Cf. POTTER, Van Rensselaer. Bioethics: The Science of Survival. *Perspectives in Biology and Medicine*, v. 14, n. 1, 1970, p. 127-153. Disponível em: https://muse.jhu.edu/article/405198. [N. do T.] Este artigo apareceu posteriormente como o primeiro capítulo do livro: POTTER, Van Rensselaer. *Bioethics: Bridge to the Future*. Engelwood Cliffs, N.J.: Prentice-Hall, 1971. Tradução brasileira: POTTER, Van Rensselaer. *Bioética: ponte para o futuro*. São Paulo: Loyola, 2016. A partir daqui, indicarei apenas a tradução brasileira dessa obra.

da realidade biológica. A *bioética global*[178] estabeleceu que a ética médica e a ética ambiental não devem ser separadas uma da outra. Somente por meio de uma filosofia de saúde individual, que se aplica a todos no mundo, e não apenas a uns poucos privilegiados, podemos alcançar o objetivo de sobrevivência e melhoria das condições de vida da humanidade.[179] O termo "aceitável" em relação à sobrevivência deve ser considerado possível apenas em relação a este contexto.[180] A ética ambiental deve aceitar o propósito de uma saúde que diz respeito à espécie humana, pois é parte da saúde de toda a biosfera. A bioética global se vale, no que diz respeito à ética ambiental e à ética médica, para atingir seu objetivo, do conceito de que todos cuidam dos problemas dos outros e ao mesmo tempo consideram os pontos de vista dos outros. A ética ambiental deveria constituir a missão dos médicos, na medida em que são os representantes oficiais da saúde, bem como de todos aqueles cujo compromisso ultrapassa as fronteiras internacionais nas áreas ambiental e médica.[181]

As teorias transversais entre a bioética médica e ambiental serão mais bem compreendidas quando percebermos que elas, embora constituam duas correntes de valores contrastantes, fluem no mesmo fluxo da realidade. Em qualquer caso, o conjunto dos valores de *qualidade de vida* está a impor-se ao conjunto dos valores de *saúde*, onde a palavra saúde implica um valor que não pode ser absolutamente questionado (a definição de "saúde" é

---

[178] Cf. POTTER, Van Rensselaer. *Global Bioethics: Building on the Leopold Legacy.* East Lansing: Michigan State University Press, 1988. [N. do T.] Tradução brasileira: POTTER, Van Rensselaer. *Bioética global: construindo a partir do legado de Leopold.* São Paulo: Loyola, 2018. A partir daqui, indicarei apenas a tradução brasileira dessa obra.

[179] Cf. JAMETON, Andrew. Global Bioethics: Casuist or Cassandra? Two Conceptions of the Bioethicist's Role. *Cambridge Quarterly of Healthcare Ethics*, v. 3, n. 3, 1994, p. 449-466. Disponível em: https://doi.org/10.1017/S0963180100005284.

[180] Cf. POTTER, Van Rensselaer. *Bioética global: construindo a partir do legado de Leopold.* São Paulo: Loyola, 2018; cf. POTTER, Van Rensselaer. Getting to the Year 3000: Can Global Bioethics Overcome Evolution's Fatal Flaw? *Perspectives in Biology and Medicine*, v. 34, n. 1, 1990, p. 89-98. Disponível em: https://muse.jhu.edu/article/402561.

[181] Cf. POTTER, Van Rensselaer. Bridging the Gap Between Medical Ethics and Environmental Ethics. *Global Bioethics*, v. 6, n. 3, 1993, p. 161-164. Disponível em: https://doi.org/10.1080/11287462.1993.10800642.

"inviolável"). Nos conflitos de interesses das duas áreas, médica e ambiental, entendemos uma profusão de informações técnicas e pareceres éticos sobre os termos *qualidade* e *saúde*. A visão de uma bioética global recorda a ética da responsabilidade[182] voltada para uma sobrevivência aceitável a longo prazo, que se baseia no "cuidado da saúde" e no "cuidado da terra" e de todo o mundo. Os conflitos de interesses e as falhas na obtenção de consentimento[183] são muito grandes.

Nos "cuidados de saúde", a qualidade de vida desafia a saúde da vida humana. Enquanto *nos "cuidados da terra"*, a qualidade do meio ambiente desafia a saúde do dólar.

O fato de haver uma interação entre os quatro componentes deveria ser evidente para todos, mas os dois campos (o da bioética médica e o da bioética ambiental) provavelmente permanecem separados porque as peculiaridades de cada um são muito complexas. Até agora não se pode negar que "a saúde da vida humana 'colida' com a 'qualidade do meio ambiente' e que 'a saúde do dólar' esbarre com 'a qualidade de vida'". O que está claro, em princípio, reside no fato de que uma ênfase excessiva na *saúde* retira o equilíbrio e é, em qualquer caso, prejudicial para o componente *qualidade*. Talvez a visão da bioética global seja ingênua e se choque com o problema real de induzir a cultura dominante a aceitar prontamente a ideia de que as massas de pessoas em situação de pobreza se constituem de pessoas.[184] A bioética global requer, para a continuidade da discussão, o esclarecimento de alguns pontos: o que é necessário para *permitir* a sobrevivência humana e o que é necessário para torná-la *aceitável* e *valiosa* na cultura dominante.

---

182 Cf. JONAS, Hans. *The Imperative of Responsibility: In Search of an Ethics for the Technological Age*. Chicago: The University of Chicago Press, 1984. [N. do T.] Tradução brasileira: JONAS, Hans. *O princípio responsabilidade: ensaio de uma ética para a civilização tecnológica*. Rio de Janeiro: Contraponto, 2006.

183 Cf. BAYERTZ, K. Introduction: Moral Consensus as a Social and Philosophical Problem. *In:* BAYERTZ, K. *The Concept of Moral Consensus: The Case of Technological Interventions in Human Reproduction*. Dordrecht: Kluwer Academic Publishers, 1994.

184 Cf. ENGELHARDT, JR., Hugo Tristram. *The Foundations of Bioethics*. Oxford: Oxford University Press, 1986, p. 109.

No desenvolvimento da bioética global, a ideia de bioética partiu de uma concepção ampla que integra a biologia e as ciências humanas para chegar a uma integração mais estreita e rigorosa da bioética médica e ambiental. Mais tarde, ficou claro que a ética médica e a ética ambiental seguiram caminhos totalmente separados. A bioética global configurou-se como uma tentativa de integração dos setores médico e ambiental. Do meu ponto de vista, a evolução da bioética surge como a de uma disciplina que, partindo da humildade, da responsabilidade e da competência,[185] passa a abranger as cinco virtudes cardeais, que são: i) humildade, ii) responsabilidade, iii) competência interdisciplinar, iv) competência intercultural, e, v) compaixão. Mas, sempre com o objetivo de uma sobrevivência aceitável e duradoura da espécie humana em toda a sociedade civil.[186]

Desde o verão de 1994, a bioética global se apresentou como uma iniciativa totalmente atual. Se investigarmos o conceito, ele requer a coalizão de todos os esforços que unem ciência, religião, humanidades, governos, negócios e indústria e pessoas comuns em grupos interdisciplinares para poder convergir em total acordo sobre as cinco virtudes cardeais e para um propósito que vai além do "espírito gregário" para incluir o de uma "sobrevivência aceitável". Este objetivo exige que o acordo seja alcançado com base na necessidade de estudar políticas demográficas compatíveis com a sobrevivência a longo prazo e aceitáveis para uma "sociedade civil". Portanto, o conceito de bioética global exige o desenvolvimento da ideia completa do que constitui uma sociedade civil, compreendendo-a por meio de uma fundação global.[187]

---

[185] Cf. POTTER, Van Rensselaer. Humility with Responsibility – A Bioethics for Oncologists: Presidential Address. *Cancer Research,* v. 35, n. 9, 1975, p. 2297-2306. Disponível em: https://cancerres.aacrjournals.org/content/35/9/2297.

[186] Cf. POTTER, Van Rensselaer. *Bioética global: construindo a partir do legado de Leopold.* São Paulo: Loyola, 2018; cf. POTTER, Van Rensselaer. Getting to the Year 3000: Can Global Bioethics Overcome Evolution's Fatal Flaw? *Perspectives in Biology and Medicine*, v. 34, n. 1, 1990, p. 89-98. Disponível em: https://muse.jhu.edu/article/402561.

[187] Cf. SELIGMAN, Adam B. *The Idea of Civil Society.* New York: The Free Press, 1992.

Sobre a origem da bioética global

O termo "bioética global" é um desenvolvimento daquele termo original, "bioética", que introduzi em 1970. O evento que deu início a essa estreia aconteceu em 1957, quando eu tinha quarenta e seis anos. A falecida Margaret Mead[188] era uma antropóloga famosa; era professora associada de antropologia no American Museum of Natural History de New York. Ela proferiu uma conferência, o "Phi Beta Kappa Lecture", na reunião da American Association for the Advancement of Science, em New York, em dezembro de 1956, um discurso posteriormente publicado sob o título "Toward More Vivid Utopias" [em direção a utopias mais vívidas].[189] Em sua conclusão, ela expressou uma ideia que me pareceu um projeto que nunca havia sido ativado, muito menos pensado. Ela não se referia simplesmente à *sobrevivência*, o que preocupava cada um de nós naquela época por causa da bomba atômica construída e lançada sobre Hiroshima e Nagasaki.[190] Em vez disso, era sobre sua visão de um novo tipo de professor universitário. E embora o motivo do discurso fosse a sobrevivência na era nuclear, suas palavras são igualmente aplicáveis à minha concepção de "sobrevivência aceitável" no terceiro milênio, no início do século XXI. Ela disse: "finalmente, parece-me que nesta

[188] [N. do T.] Margaret Mead (1901-1978) foi uma antropóloga cultural estadunidense que apareceu frequentemente como autora e palestrante na mídia de massa durante os anos 1960 e 1970.

[189] Cf. MEAD, Margaret. Toward More Vivid Utopias. *Science*, n. 126, n. 3280, 1957, p. 957-961. Disponível em: https://science.sciencemag.org/content/126/3280/957.

[190] [N. do T.] História da bomba atômica, países que a possuem e quantidades.
Em 6 de agosto de 1945, uma bomba de fissão de urânio cujo codinome era *Little Boy* foi detonada sobre a cidade japonesa de Hiroshima. Três dias depois, em 9 de agosto, um tipo de bomba de fissão de plutônio, de codinome *Fat Man*, explodiu sobre a cidade de Nagasaki, no Japão. Estes dois ataques resultaram na morte de cerca de 200 mil pessoas — a maioria civis — por causa dos graves ferimentos decorrentes das explosões e da radiação. Depois dos bombardeamentos de Hiroshima e Nagasaki, armas nucleares foram detonadas em mais de duas mil ocasiões, durante testes e demonstrações. Apenas algumas nações possuem tais armas ou são suspeitas de as terem. São nove os países que possuem – de forma comprovada ou supostamente – armas nucleares: Estados Unidos, Rússia, Reino Unido, França, China, Índia, Paquistão, Correia do Norte, e Israel.

época em que a sobrevivência da humanidade e as possibilidades de vida das criaturas dependem do fato de termos *uma visão do futuro para os outros para a qual nosso mais profundo compromisso nos guiará*, precisamos em nossas universidades (que devem mudar e crescer com o mundo) não só de cátedras de história e de linguística comparada, ou cátedras de literatura e de arte, mas *também precisamos de Cátedras do Futuro, cátedras para aqueles que se dedicam*, com toda a doutrina e atenção necessárias, *para desenvolver a ciência ao máximo de suas possibilidades para o futuro*".[191]

Claro, eu tinha lido *The Challenge of Man's Future [o desafio do futuro da humanidade]*, de Harrison Brown,[192] logo após meu retorno de uma licença que tirei para estudar, no Peru, a adaptação de alta altitude em nome da Força Aérea dos Estados Unidos (durante a Guerra da Coréia). Nesse momento, a intuição capturada por Margaret Mead me inspirou a agir separadamente em uma nova direção, enquanto me dedicava em tempo integral ao meu trabalho como professor de oncologia.

Minhas primeiras reflexões sobre essa nova linha de pensamento foram expressas em 1962, quando fui convidado para comemorar o centésimo aniversário do Land Grant College,[193] que surgiu em minha faculdade, South Dakota State College, em Brookins (Abraham Lincoln assinou a Lei Morril em 1862).

---

[191] Cf. MEAD, Margaret. Toward More Vivid Utopias. *Science*, n. 126, n. 3280, 1957, p. 957-961. Disponível em: https://science.sciencemag.org/content/126/3280/957.

[192] BROWN, Harrinson. *The Challenge of Man's Future*. New York: Viking Press, 1954.

[193] [N. do T.] Uma Land-Grant College (também conhecida como Land-Grant University) é uma instituição de ensino superior nos Estados Unidos, designada por um estado para receber os benefícios das Leis Morrill, de 1862 e 1890. Assinado por Abraham Lincoln (1809-1865), o primeiro Morrill Act começou a financiar instituições educacionais ao conceder terras controladas pelo governo federal aos estados para que vendessem, arrecadassem fundos, estabelecessem e doassem faculdades de "concessão de terras". A missão dessas instituições, conforme estabelecido na Lei de 1862, era focar no ensino de agricultura, ciência, ciência militar e engenharias, sem excluir outros estudos científicos e clássicos, como uma resposta à revolução industrial e à mudança de classe social. Essa missão estava em contraste com a prática histórica do ensino superior de se concentrar em um currículo de artes liberais. Em última análise, a maioria das Land-Grant Colleges se tornou grandes universidades públicas que hoje oferecem um espectro completo de oportunidades educacionais. No entanto, algumas Land-Grant Colleges são escolas particulares, incluindo a Cornell University, o Massachusetts Institute of Technology e a Tuskegee University.

Nesta ocasião, preparei um relatório que me ofereceu a oportunidade real e o favor de sair do meu campo de aplicação habitual como especialista em "bioquímica do câncer". Pela primeira vez, apresentei um discurso que iria definitivamente promover a bioética, e, portanto, a bioética global como "a ciência da sobrevivência". O título era: "Bridge to the Future: The Concept of Human Progress" [ponte para o futuro: o conceito de progresso humano].[194] Depois de identificar três categorias no conceito de progresso, o religioso, o material ou consumista, e o científico-filosófico, concluí:

> Sustentamos que o conceito científico-filosófico de progresso que enfatiza a *sabedoria de longo alcance* é o único tipo de progresso que pode *conduzir à sobrevivência*. É um conceito que põe o destino da humanidade nas mãos do ser humano e exige-o com a responsabilidade de examinar os mecanismos de resposta e os processos míopes da seleção natural nos níveis biológico e cultural, e de decidir como contornar os processos que conduziram à queda de todas as civilizações do passado [...]. Vamos usar nossa grande capacidade de produção para produzir as coisas que nos tornam mais sábios, em vez de produzir o que nos torna mais fracos [...]. A adição de currículos que capacitará os estudantes a alcançar um equilíbrio entre os três conceitos de progresso que esbocei e traduzi-los em ação dará, em minha opinião, às universidades um papel de liderança neste mundo complexo de hoje. Somente pela combinação do conhecimento das ciências e das humanidades nas mentes humanas e individuais é que poderemos esperar construir uma "ponte para o futuro".[195]

Eu tinha lido *The Step to Man [o passo ao homem]*, de John R. Platt,[196] e *New Views on the Nature of Man [novas visões sobre a*

---

[194] Cf. POTTER, Van Rensselaer. Bridge to the Future: The Concepts of Human Progress. *Land Economics*, v. 38, n. 1, 1962, p. 8. Disponível em: https://doi.org/10.2307/3144718.

[195] POTTER, Van Rensselaer. Bridge to the Future: The Concepts of Human Progress. *Land Economics*, v. 38, n. 1, 1962, p. 8. Disponível em: https://doi.org/10.2307/3144718. [N. do T.] Este artigo apareceu posteriormente como o terceiro capítulo do livro: POTTER, Van Rensselaer. *Bioética: ponte para o futuro*. São Paulo: Loyola, 2016, p. 74.

[196] Cf. PLATT, John R. *Step to Man*. New York: John Wiley & Sons Inc., 1966.

natureza humana],[197] que ele publicou a fim de me preparar para seu artigo *What we Must Do [o que devemos fazer]*[198] e seu livro *Perception and Change: Projection for Survival [percepção e mudança: projeção para sobrevivência]*.[199] "O que devemos fazer" era um discurso um tanto apocalíptico, mas eu estava de acordo com a conclusão final. O subtítulo dizia: "Uma ampla mobilização de cientistas pode ser a única forma de resolver os problemas de nossa crise". E concluía:

> A tarefa é clara. O empreendimento é enorme. O tempo é terrivelmente curto. No passado, tivemos uma ciência para o deleite intelectual e uma ciência para o controle da natureza. Tínhamos uma ciência para a guerra. Mas, hoje toda a experiência humana pode depender do problema de quão rapidamente agora incentivamos o desenvolvimento da ciência para a sobrevivência.[200]

O "hoje" referia-se a 1969, a proposição ainda é verdadeira em 1997. Em 1969, Platt queria dizer por "ciência da sobrevivência" o próprio conceito que apresentei em 1962 como uma abordagem científico-filosófica "que pode nos levar à sobrevivência". Platt afirmou que "a única conclusão possível é o apelo à ação". E se perguntava:

> Quem se entregará a este tipo de pesquisa para soluções mais engenhosas e essenciais? Quem vai começar a reunir os grupos de pesquisa e fundos? Quem vai começar a construir os centros interdisciplinares em tempo integral necessários para verificar projetos detalhados e transformá-los em aplicações eficazes?[201]

---

[197] Cf. PLATT, John R. *New Visions of the Nature of Man.* Chicago: The University of Chicago Press, 1965.

[198] Cf. PLATT, John R. What We Must Do. *Science*, v. 166, n. 3909, 1969, p. 1115-1121. Disponível em: https://science.sciencemag.org/content/166/3909/1115.

[199] Cf. PLATT, John R. *Perception and Change: Projetions for Survival.* Ann Arbor: University of Michigan Press, 1970.

[200] PLATT, John R. What We Must Do. *Science*, v. 166, n. 3909, 1969, p. 1115-1121. Disponível em: https://science.sciencemag.org/content/166/3909/1115.

[201] PLATT, John R. What We Must Do. *Science*, v. 166, n. 3909, 1969, p. 1115-1121. Disponível em: https://science.sciencemag.org/content/166/3909/1115.

Eu havia respondido ao pedido de Margaret Mead, iniciando um "Seminário Interdisciplinar sobre o Futuro da Humanidade" informal e não oficial que incluía, entre outros, Merle Curti, do Departamento de História, Willard Hurst, da Faculdade de Direito e Farrington Daniels, do Departamento de Química. Em 1962, o reitor Fred Herrington, da Universidade de Wisconsin, tornou meu comitê oficial como o "Comitê de Estudos Interdisciplinares sobre o Futuro da Humanidade" e me disse para entrar em contato com o Professor Reid Bryson, docente de meteorologia, que na época, eu não o conhecia. Juntos, desenvolvemos o método interdisciplinar e cada um de nós atuou como coordenador, conforme necessário. Na época de minha coordenação, fiz o esboço de um jornal que atendia a um pedido amplamente ouvido pela Diretoria que questionava a intenção da Universidade. Foi uma excelente oportunidade para dar continuidade aos programas, expressos por mim em 1962 em uma palestra sobre "O Conceito de Progresso Humano". A ocasião também permitiu a revisão dos programas publicados por Margaret Mead e John R. Platt. Meu projeto de jornal foi passado de um membro do comitê para outro e foi discutido e revisado em várias reuniões. Foi publicado em sua forma final. Foi também apresentado ao corpo docente e aprovado por unanimidade em primeiro de dezembro de 1969 como "um suplemento adequado e oportuno às declarações anteriores sobre o propósito e a função da Universidade". O corpo docente aprovou especificamente a declaração sobre o objetivo principal da universidade. O título do relatório "Objetivo e Função da Universidade" teve como subtítulo "Os estudantes universitários têm maior responsabilidade pela sobrevivência e qualidade de vida no futuro".

Depois de delinear esse compromisso, estabelecemos: "Ratificamos os seguintes pontos: i) que a sobrevivência da sociedade civil não é algo que se possa considerar como garantido; ii) que governos de um canto a outro em todo o mundo experimentam enormes dificuldades em planejar o futuro enquanto tentam lidar com o presente; e, finalmente, iii) que a universidade é, entre as instituições, a que tem maior responsabilidade pela sobrevivência e melhoria da vida das sociedades civis".[202]

Nosso relatório destacou fortemente alguns perigos que residem na ambivalência de relatos anteriores, que buscam a prioridade, por um lado, para fins como "a busca da verdade", e, por outro lado, tendem a assumir a responsabilidade de encontrar soluções para os problemas do *presente imediato*. Ressaltamos o perigo de que, no pior dos casos, as universidades só possam se tornar instituições de "utilidade pública". Embora todo o relatório permaneça em si muito próximo da declaração da bioética global, apenas a declaração em verso é dada a seguir: "O objetivo principal da Universidade é fornecer um ambiente no qual tanto estudantes quanto professores possam descobrir, examinar criticamente, preservar e transmitir conhecimento, sabedoria e valores que servirão para garantir a sobrevivência do mundo presente e das gerações futuras, melhorando a qualidade da vida".[203]

Pode-se notar que esta declaração e, consequentemente, todo o relatório, foram publicados em um momento de grande turbulência em todos os campi universitários. Comentando a afirmação acima, que afirma o propósito elucidado até o momento, observamos que:

> Devem ser encontrados métodos que permitam tanto aos estudantes quanto aos professores se envolverem em empreendimentos interdisciplinares, como aqueles implícitos na declaração de missão. Tal orientação poderia nos ajudar a superar a "divergência significativa" que agora existe entre professores e estudantes.[204]

---

[202] POTTER, Van Rensselaer; BAERREIS, D. A.; BRYSON, R. A.; CURVIN, J. W.; JOHANSEN, G.; MCLEOD, J; RANKIN, J.; SYMON, K. R. Purpose and Function of the University. *Science,* v. 167, n. 3925, 1970, p. 1590-1593. Disponível em: https://science.sciencemag.org/content/167/3925/1590.

[203] POTTER, Van Rensselaer; BAERREIS, D. A.; BRYSON, R. A.; CURVIN, J. W.; JOHANSEN, G.; MCLEOD, J; RANKIN, J.; SYMON, K. R. Purpose and Function of the University. *Science,* v. 167, n. 3925, 1970, p. 1590-1593. Disponível em: https://science.sciencemag.org/content/167/3925/1590.

[204] POTTER, Van Rensselaer; BAERREIS, D. A.; BRYSON, R. A.; CURVIN, J. W.; JOHANSEN, G.; MCLEOD, J; RANKIN, J.; SYMON, K. R. Purpose and Function of the University. *Science,* v. 167, n. 3925, 1970, p. 1590-1593. Disponível em: https://science.sciencemag.org/content/167/3925/1590.

Lembramos que o primeiro *Dia da Terra* foi celebrado em 22 de abril de 1970. Tudo começou com sessões de ensino ambiental em quase todos os campi em todo o país e tem se repetido todos os anos desde então.

Infelizmente, o comitê, que o reitor Harrington havia autorizado e entregue nas mãos de Potter e Bryson, encerrou as operações logo após a conclusão do relatório mencionado. A Diretoria autorizou a formação do Instituto de Estudos Ambientais, com o professor Reid Bryson, como diretor, e incluiu Potter no comitê executivo. Potter continuou a centralizar sua atenção na pesquisa sobre o câncer, enquanto, lateralmente, seguia a missão científico-filosófica delineada em 1962 e formalizada por meio de uma série de artigos.

Esse trabalho nos levou a formular o termo *bioética* que apareceu pela primeira vez em dois artigos de 1970: "Bioética: a ciência da sobrevivência"[205] e "Biocibernética e sobrevivência".[206] O conteúdo desses artigos e de outros foi reunido e apareceu, em janeiro de 1971, em livro cujo título incluía os termos mais significativos: *Bioética: Ponte para o Futuro.*[207] O livro foi adotado, principalmente pelos departamentos de biologia em mais de 1.500 faculdades e universidades, por sua sensibilidade ao primeiro Dia da Terra (22 de abril de 1970).

Entretanto, a Universidade continuou nas linhas tradicionais e o Instituto de Estudos Ambientais incorporou várias novas abordagens tecnológicas úteis para o estudo do ambiente em conjunto com membros de muitas faculdades que tinham afiliações fora do departamento. Muitos cursos reuniram-se em torno de um programa de ensino que incluía aulas de ética ambiental. No entanto, os objetivos de estudo do antigo comitê sobre o futuro da humanidade não foram levados adiante. A ética ambiental não se constituía em uma bioética no sentido de uma sobrevivência

---

[205] Cf. POTTER, Van Rensselaer. Bioethics: The Science of Survival. *Perspectives in Biology and Medicine*, v. 14, n. 1, 1970, p. 127-153. Disponível em: https://muse.jhu.edu/article/405198.

[206] Cf. POTTER, Van Rensselaer. Biocybernetics and Survival. *Zygon: Journal of Religion & Science*, v. 5, n. 3, 1970, p. 229-246. Disponível em: https://doi.org/10.1111/j.1467-9744.1970.tb00190.x.

[207] Cf. POTTER, Van Rensselaer. *Bioética: ponte para o futuro*. São Paulo: Loyola, 2016.

aceitável a longo prazo, baseada na integração da atenção à saúde (bioética médica) e do cuidado da terra (ética ambiental).

Pouco depois de *Bioética: Ponte para o Futuro*, foi publicada (em janeiro de 1971) uma seção especial da revista *Time*, dedicada a novos problemas no campo biológico:

> O pesquisador de câncer da Universidade de Wisconsin, Van Rensselaer Potter, propôs em um novo livro, *Bioética*, que os Estados Unidos criassem um quarto setor do governo, um Conselho para o Futuro, para estudar o desenvolvimento científico e propor legislação apropriada. Portanto, uma forma de agência superior pode ser a única solução para os árduos e difíceis problemas jurídicos que, é claro, surgem [dos novos desenvolvimentos no campo biológico].[208]

Em seguida, citando Teilhard de Chardin,[209] que solicitava "aprofundar tudo, verificar tudo, expandir tudo" para chegar "ao nosso Ponto Ômega definitivo da divindade participativa", a revista *Time* dirigiu-se à "comunidade religiosa, especialmente aquela católica [que] adverte que o ser humano não deve manipular ou manobrar tais valores sagrados relativos à vida e à família por medo de perturbar a ordem natural das coisas". Nesse ponto, apareceu o compêndio do plano de atividades proposto pelo falecido André Hellegers no programa de bioética da Georgetown University. O artigo da *Time* continuava:

> Existem aqueles no mundo científico que, de uma forma mais pragmática, se dedicam a refletir sobre a advertência de Potter sobre o "conhecimento perigoso", sabendo que se acumula mais rápido do que a sabedoria para guiá-lo.[210]

---

[208] Man into Superperman: The Promise and Peril of the New Genetics. *Time,* 19 april, 1971, p. 33-52.

[209] [N. do T.] Pierre Teilhard de Chardin (1881-1955) foi um padre jesuíta francês, cientista, paleontólogo, teólogo, filósofo e professor. Ele adotou uma perspectiva darwiniana e é autor de vários livros teológicos e filosóficos influentes. Participou da descoberta do Homem de Pequim, concebeu a ideia vitalista do Ponto Ômega, e, juntamente com Vladimir Vernadsky, desenvolveu o conceito de noosfera. Em 1962, a Congregação para a Doutrina da Fé condenou várias de suas obras com base em suas alegadas ambiguidades e erros doutrinários.

[210] Man into Superperman: The Promise and Peril of the New Genetics. *Time,* 19 april, 1971, p. 33-52.

Embora a publicação da *Time* e os artigos de 1970 devessem ter alertado o Dr. Hellegers e seus colegas de que o termo bioética no sentido mais amplo havia sido introduzido anteriormente, eles o incorporaram ao seu recém-fundado "Instituto para Reprodução Humana e Bioética", omitindo qualquer menção aos livros de Potter ou suas referências à "Land Ethic" [ética da terra] de Aldo Leopold.[211] O desenrolar dos eventos foi descrito por Warren Thomas Reich.[212] Desse modo, a bioética, que enfatizava a sobrevivência humana a longo prazo em um nível científico e filosófico, tornou-se órfã, não mais associada nem à ética ambiental nem ética médica. No entanto, o trabalho original foi mantido com a publicação de *Bioética Global: construindo a partir do legado de Leopold*.[213] Neste ponto, pode-se entender por que a *Bioética: Ponte para o Futuro* foi dedicada a Aldo Leopold, e porque o título original do manuscrito de 1988 era: *bioética global para a sobrevivência humana: revisitando a ética da terra de Aldo Leopold.*

Cuidando da criação: o problema da bioética e da religião

Na década de 1990, o problema da bioética global está em sua relação com a religião. No capítulo "Global Bioethics Defined" [definição de bioética global],[214] a ética foi definida como "um programa secular da evolução de uma moralidade que demanda decisões na assistência médica e na preservação do ambiente natural. É uma moralidade de responsabilidade. Embora descrita como um programa secular, ela não deve ser

---

211 Cf. LEOPOLD, Aldo. *A Sand County Almanac and Sketches Here and There*. Oxford: Oxford University Press, 1949. [N. do T.] Tradução brasileira: LEOPOLD, Aldo. *Almanaque de um condado arenoso e alguns ensaios sobre outros lugares*. Belo Horizonte: Editora UFMG, 2019.

212 Cf. REICH, Warren Thomas. Il termine "bioética": nascita, provenienza, forza. *Itinerarium*, v. 2, n. 3, 1994, p. 33-71.

213 Cf. POTTER, Van Rensselaer. *Bioética global: construindo a partir do legado de Leopold*. São Paulo: Loyola, 2018.

214 Cf. POTTER, Van Rensselaer. *Bioética global: construindo a partir do legado de Leopold*. São Paulo: Loyola, 2018, p. 161.

confundida com o *humanismo secular*". Por outro lado, observou-se que "uma bioética global não pode se alicerçar em um único dogma religioso; e mesmo que não houvesse outros motivos, deveria ser secularizada". Embora tenha sido argumentado em 1988 que facções religiosas conflitantes "devem ser persuadidas de que o respeito mútuo e a tolerância por outros grupos fazem parte da existência da bioética global", nenhuma menção foi feita sobre como a bioética global poderia proceder para desenvolver um relacionamentc com tais grupos. Nesse contexto, esse problema não apareceu, e foi posteriormente abordado em um artigo-chave que tratou do erro fatal da evolução em relação à sobrevivência: "Rumo ao ano 3000: a bioética global pode superar o erro fatal da evolução".[215] A omissão da religião foi mantida quando um artigo "Responsabilidade dos Cientistas pela Sobrevivência das Espécies Humanas"[216] foi publicado por Potter e Richard Grantham, professor emérito da Universidade Claude Bernard de Lyon, França. Listamos os seguintes sete princípios, contidos em uma "Declaração para Geoterapia e Bioética Global", reproduzida do relatório de Grantham de sua palestra "Modelos e Geoterapia para Mudança Global". Um primeiro rascunho da Declaração foi distribuído aos participantes e discutido na sessão final, que produziu a versão final:

1. A aceleração da degradação ambiental ameaça a habitabilidade da biosfera. Acreditamos que a ação corretiva é possível e urgente.
2. Nosso objetivo é a sobrevivência a longo prazo em um ecossistema global preservado de forma aceitável.
3. Nós, como seres humanos, precisamos assumir a total responsabilidade por nossas ações, não sacrificando recursos

[215] Cf. POTTER, Van Rensselaer. Getting to the Year 3000: Can Global Bioethics Overcome Evolution's Fatal Flaw? *Perspectives in Biology and Medicine*, v. 34, n. 1, 1990, p. 89-98. Disponível em: https://muse.jhu.edu/article/402561.

[216] Cf. POTTER, Van Rensselaer; GRANTHAM, Richard. Scientists' Responsibility for Survival of the Human Species. *The Scientist*, 25 may 1992, p. 10-11.

naturais para ganhos de curto prazo, mas trabalhando para tornar o mundo um lugar melhor para se viver.

4. Essa escolha influenciará o nosso futuro biológico e a evolução cultural; não podemos nos isentar disso sem consequências graves.
5. Uma bioética global precisará se desenvolver ainda mais para orientar e apoiar a geoterapia (*geotherapy*) e nossa evolução cultural.
6. Um problema fundamental é o crescimento populacional. A capacidade de sustento da Terra deve ser considerada. Com os atuais estilos de vida e padrões de desenvolvimento, a poluição de todas as espécies aumentará tanto quanto o crescimento populacional.[217]
7. Indicamos que os cientistas devem adotar os objetivos acima mencionados e participar das reuniões em todos os níveis em vista desses princípios.

Uma abertura para uma evolução adicional da bioética global se abriu quando Hans Küng[218] publicou *Global Responsability: A Search for a New World Ethic [responsabilidade global: a busca por uma nova ética mundial]*.[219] Como Diretor do Instituto de Pesquisa Ecumênica da Universidade de Tübingen, na Alemanha, ele nunca leu ou se referiu ao termo bioética nem aos livros e artigos que a abordavam. Mas seu ecumenismo foi além da definição limitada e usual de "uma união de crentes e não crentes [...] com respeito mútuo [...] por uma ética mundial comum" que conduziria à sobrevivência. Assim,

---

[217] Cf. SMITH, Richard. Overpopulation and Overconsumption: Combating the two Main Drivers of Global Destruction. *British Medical Journal*, v. 306, n. 6888, 1993, p. 1285-12-86. Disponível em: https://doi.org/10.1136/bmj.306.6888.1285.

[218] [N. do T.] Hans Küng (1928-) é um padre católico suíço, teólogo e autor. Desde 1995, ele é presidente da Fundação para uma Ética Global (*Stiftung Weltethos*). Rejeita a doutrina da infalibilidade papal, e, embora não esteja oficialmente autorizado a ensinar teologia católica, suas faculdades sacerdotais não foram revogadas. Em 1979, teve que deixar o corpo docente católico, mas permaneceu na Universidade de Tübingen como professor de teologia ecumênica, servindo como professor emérito desde 1996.

[219] Cf. KÜNG, Hans. *Global Responsibility: In Search for a New World Ethic.* New York: Continuum Publishing Co., 1993.

a seção de abertura trazia como título "não há sobrevivência sem uma ética mundial. Porque precisamos de uma ética global".[220] Outro artigo também introduziu a religião na ação da bioética global: "ciência e religião devem compartilhar a busca pela sobrevivência global".[221] Este título contrasta com o de 1992 "a responsabilidade dos cientistas", que insistia na ligação entre ciência e ética, mas não fazia menção à religião.[222] Foi proposto que a National Academy of Science iniciaria essa iniciativa nos Estados Unidos, unindo cientistas importantes e líderes religiosos interessados.[223]

Não são mencionados aqui vários livros que tratam da necessidade do avanço da religião e que estão envolvidos no conceito de "proteção da criação", mas, tanto quanto eu sei, eles não incluem um interesse na sobrevivência a longo prazo, como nós a temos proposto. No entanto, dois autores que tratam a sobrevivência em termos secularizados devem ser lembrados: Hans Jonas fala do "novo milenarismo da era pós-religiosa" e da ampla "responsabilidade em relação ao futuro" que deve ser "incluída na teoria ética e servir de motivo para um novo princípio [...] que *é necessário dar mais ouvidos à profecia da desgraça do que à profecia da salvação*".[224] Vindo de um contexto diferente, o sociólogo Manfred Stanley expressa interesses semelhantes na sobrevivência. Os dois livros tratam da sobrevivência de uma forma realista, em contraste com uma série de ensaios mais abstratos, obra de 27 autores, que tentam responder a problemas filosóficos.[225]

---

220 POTTER, Van Rensselaer. An Essay Reveiw of: Global Responsibility. In Search for a New World Ethic by Hans Küng. *Perspectives in Biology and Medicine*, v. 37, n. 4, 1994, p. 546-550. Disponível em: https://muse.jhu.edu/article/401079/pdf.

221 POTTER, Van Rensselaer. Science, Religion Must Share Quest for Global Survial. *The Scientist*, May 16, 1994. Disponível em: <https://www.the-scientist.com/opinion-old/science-religion-must-share-quest-for-global-survival-59263>.

222 Cf. POTTER, Van Rensselaer; GRANTHAM, Richard. Scientists' Responsibility for Survival of the Human Species. *The Scientist*, 25 May 1992, p. 10-11.

223 Cf. POTTER, Van Rensselaer. Science, Religion Must Share Quest for Global Survial. *The Scientist*, May 16, 1994. Disponível em: <https://www.the-scientist.com/opinion-old/science-religion-must-share-quest-for-global-survival-59263>.

224 JONAS, Hans. *O princípio responsabilidade: ensaio de uma ética para a civilização tecnológica.* Rio de Janeiro: Contraponto, 2006, p. 283; 77.

225 Cf. PARTRIDGE, Ernest. *Responsibilities to Future Generations: Environmental Ethics.* Buffalo: Prometheus Books, 1981.

Concluímos, assim, a história dos acontecimentos que nos conduziram ao conceito de bioética global nos anos 1990. A bioética global mantém o interesse originário dos anos 1970, da "Bioética: A Ciência da Sobrevivência" e apoia a contribuição de Aldo Leopold,[226] que pensava em uma "ética da terra". A bioética global agora aceita a necessidade do ecumenismo no sentido defendido por Hans Küng,[227] e concorda com ele em apoiar e defender a sobrevivência humana a longo prazo.[228] Nossa contribuição não é a história da bioética como foi promovida por André Hellegers, da Georgetown University.[229] O conceito de bioética, segundo a Georgetown University, gerou literalmente milhares de artigos, ensaios e palestras a tal ponto que não é mais possível fazer um relato completo deles. Nas palavras de Hugo Tristram Engelhardt Jr., a palavra bioética:

> É como um filho que saiu de casa e renunciou à disciplina do pai, mas tem talentos e capacidades próprias substanciais. O termo estabeleceu deliberadamente o seu próprio destino bem-sucedido, ainda que mais estreito, gerando uma *Encyclopedia of Bioethics* e um grande número livros e ensaios sobre bioética, além de um periódico com esse nome. De modo geral, o termo bioética tem sido usado para identificar a análise disciplinada dos pressupostos morais conceituais da medicina, das ciências biomédicas e das profissões de saúde afins.[230]

Em oposição à concepção mais restrita de que a bioética trata apenas de pressupostos morais e teóricos relativos às profissões

[226] Cf. LEOPOLD, Aldo. *Almanaque de um condado arenoso e alguns ensaios sobre outros lugares.* Belo Horizonte: Editora UFMG, 2019.

[227] Cf. KÜNG, Hans. *Global Responsibility: In Search for a New World Ethic.* New York: Continuum Publishing Co., 1993.

[228] Cf. POTTER, Van Rensselaer. Science, Religion Must Share Quest for Global Survial. *The Scientist*, May 16, 1994. Disponível em: <https://www.the-scientist.com/opinion-old/science-religion-must-share-quest-for-global-survival-59263>.

[229] Cf. REICH, Warren Thomas. Il termine "bioética": nascita, provenienza, forza. *Itinerarium*, v. 2, n. 3, 1994, p. 33-71.

[230] ENGELHARDT, JR., Hugo Tristram. Apresentação. *In:* POTTER, Van Rensselaer. *Bioética global: construindo a partir do legado de Leopold.* São Paulo: Loyola, 2018, p. 29.

da saúde, o professor Andrew Jameton[231] aceitou o ponto de vista da bioética global e decidiu que as maiores mudanças no campo da saúde serão necessariamente solicitadas em relação ao meio ambiente, à população e aos problemas da pobreza em todo o mundo. O desenvolvimento mais significativo e atual, ligando as questões médicas e ambientais com a sobrevivência humana, é encontrado no anúncio de Smith e Leaning[232] sobre a decisão do BJM Publishing Group de lançar um novo periódico, *Medicine and Global Survival [medicina e sobrevivência global]*. O aviso e a inauguração do editorial[233] do volume 1, número 1, de março de 1994, expressam muito claramente que a "sobrevivência global", própria do título do periódico, deve ser entendida como "sobrevivência aceitável" de longo prazo, no sentido em que eu a expressei e concebi.[234]

---

231 Cf. JAMETON, Andrew. Global Bioethics: Casuist or Cassandra? Two Conceptions of the Bioethicist's Role. *Cambridge Quarterly of Healthcare Ethics*, v. 3, n. 3, 1994, p. 449-466. Disponível em: https://doi.org/10.1017/S0963180100005284.

232 Cf. SMITH, Richard; LEANING, Jennifer. Medicine and Global Survival: A New Journal for the World's Most Pressing Problems. *British Medical Journal*, v. 307, n. 6906, 1993, p. 693-694. Disponível em: https://doi.org/10.1136/bmj.307.6906.693.

233 Cf. LEANING, Jennifer. Lest Things Fall Apart. *Medicine and Global Survival*, v. 1, n. 1, 1994; BASTIAN, T. Medicine and Social Responsibility: Tradition and Task. *Medicine and Global Survival*, v. 1, n. 1, 1994, p. 2-3.

234 Cf. POTTER, Van Rensselaer. An Ethical Decision: Medicine and Global Survival. *Medicine and Global Survival*, 1995 (submitted).

V

O campo secular da bioética

Hugo Tristram Engelhardt Jr.[235]

Necessidade do campo laico da bioética

A bioética tornou-se um campo cada vez mais secularizado. Em geral, aqueles que se comprometem com ela e aqueles que a seguem em busca de orientação levantam a hipótese de que a bioética é aberta e completamente independente de convicções religiosas, compromissos ideológicos, herança cultural particular ou crenças que encontram a graça de Deus. Há um apelo cada vez maior à bioética como área fundamental para justificar particularmente procedimentos ou políticas de saúde. Diante de visões divergentes sobre a moralidade das intervenções médicas,

---

[235] [N. do T.] Hugo Tristram Engelhardt Jr. (1941-2018) foi um filósofo e bioeticista estadunidense, com doutorado em filosofia pela University of Texas, em Austin, e em medicina pela Tulane University. Foi professor de filosofia na Rice University, em Houston, Texas, com especialização em história e filosofia da medicina, principalmente do ponto de vista da filosofia continental. Também foi professor emérito do Baylor College of Medicine e membro do Baylor Center for Medical Ethics and Health Policy. Foi editor-chefe do *The Journal of Medicine and Philosophy* e *Christian Bioethics*. Também editou a série de livros *Philosophy and Medicine*. Foi membro do Hastings Center, um instituto independente de pesquisa em bioética. Engelhardt foi criado como católico, mas em 1991 entrou para a Igreja Ortodoxa. Dentre sua vasta produção, destaca-se: *Fundamentos da bioética* (Loyola, 1998), *Fundamentos da bioética cristã ortodoxa: introdução geral e fundamentos* (Loyola, 2003), *Bioética global: o colapso do consenso* (Paulinas, 2012).

do aborto à eutanásia, e diante dos desafios de determinadas metodologias de saúde já em uso nos serviços de saúde, os governos recorreram a estudiosos da bioética para obter apoios que justifiquem as leis e regulamentos administrativos. Os estudiosos da bioética são considerados especialistas no campo moral que fundamenta o direito e o sistema estatal. Ou, caso esse fundamento não seja reconhecido, os estudiosos da bioética são vistos, pelo menos, como especialistas na capacidade de formular uma análise racional dos antecedentes da moralidade capaz de justificar escolhas sociais específicas sobre procedimentos de saúde.[236]

A bioética secular é um fruto tardio do Iluminismo que busca justificar a moralidade para envolver os seres humanos como tal e, assim, fornecer a base para a comunidade humana. Uma vez que a lei e os procedimentos de saúde não devem ser arbitrários, busca-se legitimidade para seu conteúdo e justificativa para sua interferência coercitiva na vida dos médicos e dos pacientes. Se não fosse esse o caso, qualquer procedimento médico não seria moralmente justificado. Não é por acaso que, desde que as sociedades ocidentais se tornaram pós-tradicionais e pós-cristãs, a bioética secular tornou-se cada vez mais relevante. É uma necessidade moral para a sociedade secularizada. Além disso, sua importância tem se acentuado ainda mais devido ao progresso científico e tecnológico deste século. A ciência e a medicina finalmente parecem capazes de cumprir as esperanças de mais de dois milênios. Não há outra escolha a não ser aceitar seriamente a necessidade de uma área capaz de delinear de forma precisa e adequada as possibilidades da medicina. Essas possibilidades não são relevantes simplesmente como um epicentro importante de compromisso e interesse social; elas atingem o verdadeiro caráter da finitude humana e tocam nas realidades que tradicionalmente

---

[236] Um exemplo paradigmático do que os estudiosos da bioética propõem para dar uma base moral ao sistema de saúde é encontrado no *Relatório Belmont*, que foi promovido para justificar as novas regras sobre o uso de participantes humanos em pesquisas. Veja-se: National Commission for the Protection of Subjects of Biomedical and Behavioral Research. *The Belmont Report*. Washington, D.C.: U.S. Government Printing Office, 1978.

se conectam à religião. Na ausência de uma norma religiosa aceita, recorre-se à bioética secularizada para obter orientação e direção.

A bioética secular deve enfrentar a necessidade de estruturar um procedimento de saúde que justifique a si mesmo diante de consideráveis dilemas práticos e não apenas teóricos. Em particular, pesquisas para alcançar uma melhor saúde e proteção contra o sofrimento e a morte prematura provaram ser caras. Dada a limitação de recursos, surgiram problemas fundamentais relativos aos direitos de propriedade e serviços, bem como em torno das formas como as necessidades se expressam, gerando reivindicações sobre os privilégios de outrem. Em competição com o aumento progressivo dos custos da saúde, houve um declínio nos meios tradicionais de responder às solicitações, um declínio que criou aquele vazio ao qual a bioética secularizada é chamada a responder. Ela tornou-se necessária como uma guia moral; portadores tradicionais de autoridade na família, na comunidade e na igreja também estiveram envolvidos no problema. Devido às mudanças na sociedade, o papel dos médicos como sujeitos de decisões éticas na área médica não está totalmente definido.

O médico não pode mais justificar seu papel de forma não problemática, colocando-se como o mais importante tomador de decisão no campo da saúde, apelando para a autoridade de uma experiência moral, que surge da continuidade da prática e do empenho no tratamento do sofrimento, da doença e morte. Nem pode seu papel ou status colocá-lo em qualquer autoridade provável. O julgamento dos pacientes individuais, mas também das estruturas públicas, atingiu uma situação jurídica presumivelmente igual àquela que caracteriza os profissionais de saúde.[237] Essas reivindicações foram enfraquecidas, dadas para ga-

[237] Não apenas os pacientes e membros do serviço público assumiram a igualdade de decisões de saúde com os médicos; em muitos casos, emergiu um papel francamente antagônico, tanto que os pacientes julgaram necessário proteger seus direitos perante os médicos e as instituições de saúde. Veja-se, como exemplo, o manual da American Civil Liberties Union para pacientes: ANNAS, George J. *The Rights of Hospital Patients: The Basic ACLU Guide to a Hospital Patient's Rights.* New York: Discuss Books, 1975.

rantir e que se baseiam nas expectativas das guildas medievais,[238] específicas para aqueles que deveriam estar em uma posição de autoridade.

Essa situação, então, faz com que a busca por uma bioética secular pareça inevitável. A bioética secular apela à expectativa de que, a todos esses contrastes, possa opor-se um entendimento comum e público para a orientação da humanidade, que, após séculos de fantasias sobre as possibilidades prometeicas da humanidade, finalmente, alcançou a posse de um saber e de uma tecnologia suficientes para reformulá-la. Porém, a bioética secular, que pode conectar indivíduos de comunidades dotadas dos mais diversos referenciais morais, os vira de cabeça para baixo sem satisfazê-los, vínculos que se baseiam menos na razão e mais no consentimento de quem deseja cooperar pacificamente.

A mudança da bioética cristã e o apelo a uma perspectiva secular

O predomínio da bioética secular no sistema de saúde, segundo o modelo ocidental, deve ser explicado não só do ponto de vista positivo, mas também negativo. Sua influência não é apenas resultado das forças que impulsionaram a bioética secular à sua atualidade, mas também deriva da desconstrução que investiu a legitimidade da organização cristã da sociedade. Em nenhum lugar isso é talvez mais significativo do que nos Estados Unidos, país de onde se originaram muitas das reflexões atuais sobre bioética. Pelo menos até a década de 1930, os tribunais estadunidenses presumiam que a moralidade cristã fornece a base moral para o direito comunitário e o conteúdo para a moralidade pública, a partir

[238] [N. do T.] Na Europa feudal, uma guilda (corporação ou associação) era uma agregação de interesses comerciais em um único corpo legal, geralmente com uma licença explícita da cidade, igreja ou líderes nacionais. Funcionavam como monopólios eficazes para um determinado bem ou trabalho. Surgiram, a partir do século XII, para regulamentar as profissões e o processo produtivo artesanal nas cidades. Essas unidades de produção artesanal eram marcadas pela hierarquia (mestres, oficiais e aprendizes) e pelo controle da técnica de produção das mercadorias pelo produtor.

da qual o estado emergiria fortalecido.[239] No entanto, nas décadas de 1950 e 1960, várias decisões da Suprema Corte refletiram um sentimento social intensificado de que os Estados Unidos não eram um reino cristão, mas um sistema secularizado contrário à aplicação dos ditames da moralidade cristã.[240] O pronunciamento constitucional contra o estabelecimento de uma religião particular, que tem sido amplamente interpretado como uma proibição contra qualquer corrente religiosa cristã, passou a ser interpretado como uma proibição contra a aplicação de normas morais não secularizadas no estado. Como resultado, as leis que proíbem a contracepção, a esterilização e o aborto tornaram-se inaceitáveis.[241] O reconhecimento dos direitos à vida privada, direitos relativos às escolhas nesta área sem a imposição coerciva das normas da moral cristã, mudou o caráter da prática médica, especialmente em obstetrícia e ginecologia.[242]

A retirada dos alicerces religiosos pelas normas morais médicas relativas à contracepção, à esterilização e ao aborto foi promovida por meio de um movimento que marginalizou a justificativa

[239] Dado o caráter secular dos Estados Unidos, a Primeira Emenda da Constituição, que protege a liberdade de religião, foi originalmente limitada apenas ao Congresso Federal para estabelecer uma religião e não controlou as ações dos estados até depois da Guerra Civil. Consequentemente, o Supremo Tribunal ainda pensa que: "Somos um povo cristão", em *Church of the Holy Trinity, v. United States*, 143 U.S. 457, 1892. Além disso, foi reconhecido que a religião cristã fazia parte da lei da Pensilvânia (em 470). Veja-se também *United States, v. Macintosh,* 283 U.S. 605, 1931.

[240] A herança cultural da Suprema Corte estadunidense se afastou da identificação com os costumes, ensinamentos cristãos e assim por diante. Veja-se, por exemplo, *Tessin Zorach, v. Andrew G. Clauson* et al., 343 U.S. 306, 96 L ed. 954, 72 S Ct 679, 1951; *Roy R. Torcaso v. Clayton K. Watkins,* 367 U.S. 488, 6 L ed. 2d 982, 81 S Ct 1680, 1961; e *School District of Abington Township v. Edward L. Schempp et al., William J. Murray et al. v. John N. Curlett et al.*, 374 U.S. 203, 10 L ed. 2d 844, 83 S Ct 1560, 1963.

[241] No Direito Constitucional dos Estados Unidos, o direito dos indivíduos de decidir sobre a contracepção, a esterilização e o aborto foi substancialmente reconhecido. Veja-se, por exemplo: *Griswold v. Connecticut,* 381 U.S. 479, 85 S Ct 1678, 14 L ed 2d 349, 1972; e *Roe v. Wade,* 410 US 113, 1973. Esses direitos permaneceram válidos, embora houvesse uma restrição ampla ao direito ao aborto e um rebaixamento da linguagem dos direitos à vida privada em favor daqueles relacionados à liberdade. Veja-se, por exemplo: *Webster v. Reproductive Health Services*, U.S., 109 S Ct, 1989, e *Inre Cruzan* 58 LW 4916, June 21, 1990.

[242] Tem havido um movimento legislativo e na ética médica secularizada para reconhecer a obrigação dos médicos de informar as gestantes quando há risco de uma criança com malformações físicas graves, de forma a permitir, se assim desejarem, escolher se quer levar a gravidez a termo ou fazer um aborto.

ético-jurídica da opinião profissional. As decisões dos tribunais mudaram os critérios e as normas, segundo os quais as informações dos médicos deveriam ser abertas aos pacientes. A quantidade de informações necessárias para obter do paciente uma autorização válida para o tratamento mudou do que era uma regra para os profissionais para o que era uma regra objetiva.[243] Os médicos não podiam decidir de forma mais ampla e além do escopo do julgamento profissional, cuja comunicação se tornou importante para que a decisão de aceitar, de recusar ou de escolher outra alternativa fosse válida. Portanto, a adequação das informações agora tinha que ser julgada com base no que uma pessoa razoável e prudente exigia para fazer certas escolhas. O afastamento do contexto implicitamente cristão da moral sanitária coincidiu com a desprofissionalização da classe médica como sujeito de decisões, promovendo uma moralidade sanitária individualista. O resultado foi um modelo segundo o qual os autores da decisão médica também assumiram os direitos da vida privada internamente e se afastaram das formas tradicionais de julgamento profissional que se relacionavam com a importância ou irrelevância da informação. Assim, chegamos a meados da década de 1970, em que tanto o conteúdo quanto o procedimento do modelo que faz do médico o sujeito da decisão, são secularizados, desprofissionalizados e colocados fora dos cânones sociais tradicionais.

A secularização própria da bioética emergente foi aceita sem oposição moral efetiva pela maioria dos moralistas cristãos, e em grande medida porque a própria reflexão moral cristã havia passado por um período em que problematizou seu próprio conteúdo. A própria noção de conhecimento de uma moralidade

---

[243] O procedimento estadunidense de consentimento informado, em bioética, foi em grande parte influenciado pelo desenvolvimento legislativo do objetivo generalizado de comunicação, a que estão sujeitos os médicos, pois devem fornecer aos pacientes a quantidade de informações que permitiriam a um indivíduo razoável e prudente escolher se aceita, se recusa o tratamento ou se escolhe outra alternativa. Veja-se, por exemplo: *Canterbury v. Spencer*, 464 F 2d 1, Calif. 1972 e *Sard v. Hardy*, 397 A 2d 1014, Mt 1977. Para um relato detalhado sobre a evolução do consentimento informado e sobre a ação recíproca do direito e da bioética, veja-se: FADEN, Ruth R.; BEAUCHAMP, Tom L. *A History and Theory of Informed Consent*. Oxford: Oxford University Press, 1986.

especial tornou-se suspeita. Durante séculos, as religiões modelaram amplos argumentos e análises relacionadas a uma condução correta da medicina. As reflexões judaicas básicas remontam ao Talmud e as análises da Igreja Católica mostram uma ancestralidade que se estende até pelo menos o século XIII. Se a literatura é de fato ampla e detalhada em seus argumentos, a justificação, por outro lado, supõe um contexto moral que parte de pressupostos particulares. Para as sociedades que buscam obter uma base de organização pública aberta a todos os princípios morais, sem obrigações e compromissos religiosos, a mesma profundidade histórica e riqueza de considerações inerentes às religiões tornou-se uma dificuldade: na verdade, são muito particulares. Acredita-se que, em vez de derivar seu conteúdo de argumentos racionais, as explicações religiosas apelam para uma revelação ou experiência religiosa especial. Em vez de fornecer uma justificativa para a ordem do sistema, com base no caráter da natureza humana como tal, elas fornecem explicações da natureza humana estruturadas em virtude de análises metafísicas especiais. Em vez de trazer a unidade de todos os componentes em uma visão moral comum, seu conteúdo moral divide as pessoas de acordo com religiões particulares e de acordo com interpretações culturais.

Os dois elementos que caracterizam a tentativa de estruturar a bioética para além dessas divisões eram particularmente hostis à manutenção do conteúdo da moralidade tradicional; são eles: i) a ênfase no indivíduo, e ii) a centralidade da razão secular. Se o indivíduo, e não a comunidade, é o ponto focal decisivo a partir do qual a moralidade deve ser justificada, então a noção de um vínculo comum além do tempo está em perigo. Mas, os seres humanos só podem ser conectados por aquilo que torna o indivíduo autêntico, porque ele permanece acima da comunidade como seu próprio juiz. Esse apelo criou raízes profundas no pensamento ocidental. No século XVI, a reação protestante ao catolicismo romano colocou o indivíduo e a Bíblia fora da comunidade para que a comunidade pudesse ser julgada como corrupta e necessitando de reforma. Embora esse evento tenha permitido o diagnóstico de corrupção grave, também prejudicou a integridade da comunidade, pois constituiu o elo da vida cristã com a tradição ao longo do tempo. E embora as comunidades protestantes, que se estabeleceram no século XVI, atestassem um rico e profundo conteúdo moral, o autêntico caráter de justificação, ao qual apelaram para salvar sua crítica ao cristianismo da época, enfraqueceram em última instância seu próprio conteúdo e coesão de sua comunidade, segmentando a Reforma em numerosas outras seitas reformadoras, a ponto de ainda quebrar seu vínculo com o cristianismo do primeiro milênio. A moralidade resultante foi de grande significado para a cultura ocidental.[244] Se o que estava fora da comunidade e fora da história dos indivíduos pudesse fazer o cristianismo recomeçar no século XVI, então o julgamento do indivíduo tinha autoridade maior e mais forte do que o da comunidade ou tradição.

Nesse sentido, a Reforma Protestante foi o protótipo das revoluções ocidentais subsequentes. Ela representou uma tentativa de retornar aos direitos humanos fundamentais, deixando uma história de corrupção para trás e voltando às raízes não corrompidas. Só que todo indivíduo poderia a qualquer momento apelar para esse ponto de partida que o justificava, mesmo contra a comunidade que havia feito a revolução inicial. A Reforma, sempre se colocando como autorreforma, enfatizou o indivíduo no que diz respeito à história de uma forma que se tornasse plausível o não confiar nos padres para adquirir conteúdo, mas apelar às necessidades universais da humanidade para ganhar e avançar em sua própria direção. As expectativas que surgiram da razão, que em grande parte moldaram o cristianismo ocidental, agora entraram em voga novamente para reformular sua direção e conteúdo. O protestantismo, que já havia tentado falar a um público mais amplo no século XIX, apelando para o significado social do

[244] Da corte carolíngia (cf. ROMANIDES, John S. *Franks, Romans, Feudalism, and Doctrine: An Interplay Between Theology and Society.* Boston: Holy Cross Orthodox Press, 1981) à Reforma Protestante (cf. GUÉNON, René. *Crisis of the Modern World.* London: Luzac, 1975), o conteúdo da moral religiosa foi colocado sob o olhar crítico da razão e da escolha individual. "No momento, como a religião é essencialmente uma forma de tradição, o espírito anti-tradicionalista não pode nos ajudar, porque é antirreligioso; começa distorcendo a religião e termina suprimindo-a por completo, onde quer que seja capaz de fazê-lo" (GUÉNON, p. 58).

Evangelho cristão, tentou apelar aos critérios cristãos para que não se apresentassem como cristãos de uma forma sectária, nas décadas de 1960 e 1970.[245] Essa tentativa aspirava a falar com todos, não apenas com os protestantes. Consequentemente, os interesses dos protestantes pela bioética poderiam facilmente ser aliados aos critérios do humanismo secularizado em favor da proteção geral das pessoas e pela realização da justiça social. A maior verdade da bioética protestante não foi uma revelação especial do Cristianismo, mas foi a generalização das necessidades humanas. A bioética protestante naturalmente passou a ter afinidade com a bioética secularizada.[246]

A história atual da bioética proposta pela Igreja Católica tem o mesmo caráter. Mesmo em suas reivindicações mais escrupulosas a respeito da contracepção, do aborto, da eutanásia e do investimento da responsabilidade pela saúde, essa bioética está aberta à propagação do que a lei natural exige que todos os homens confirmem.[247] A verdade da bioética católica era, pelo menos,

---

245 Um elemento significativo da filosofia alemã moderna foi de fato voltado para a transformação da moralidade protestante e posições filosóficas em direção a uma consciência moral e filosófica secular. Uma obra importante foi a de Immanuel Kant, *A religião nos limites da simples razão*, de 1793. O jovem Hegel refletiu opiniões desse tipo em seu ensaio de 1795, *A vida de Jesus*. Essa transformação geral também contou com o trabalho de intelectuais como David Strauss (1808-1874). Para um relato do efeito dessa mudança na fé protestante na Alemanha, veja-se, por exemplo: HARTMANN, Eduard von. *Die Selbstzersetzung des Christenthums und die Religion der Zukunft*. Berlin: Carl Duncker's Verlag, 1874; OVERBECK, Franz. *Christentum und Kultur: Gedanken und Anmerkungen zur modernen Theologie*. Basel: Schwabe, 1919; KLEMPT, Adalbert. *Die Sakularisierung der universalhistorischen Auffassung: Zum Wandel des Geschichtsdenkens im 16. und 17. Jahrhundert*. Götingen: Musterschmidt, 1960.

246 A secularização da corrente principal da bioética protestante faz parte do pensamento comum do pensamento protestante em geral, o que levou o aluno de Hegel, Emil Fackenheim, a aprovar a intuição de Karl Barth de que Hegel representava para o protestantismo o que Tomás de Aquino era para a Igreja Católica medieval (cf. FACKENHEIM, Emil. *The Religious Dimension in Hegel's Thought*. Bloomington, Indiana University Press, 1967, p. 10). É claro que um estudioso da bioética episcopal, como Joseph Fletcher, não se tornaria naturalmente um humanista secularizado; mas mesmo aqueles que se esforçaram para manter o conteúdo de uma bioética cristã, encontraram dificuldades em reter seu caráter essencial (cf. HAUERWAR, Stanley. How Christian Ethics Became Medical Ethics: The Case of Paul Ramsey. *Christian Bioethics: Non-Ecumenical Studies in Medical Morality*, v. 1, n. 1, 1995, p. 11-28. Disponível em: https://doi.org/10.1093/cb/1.1.11.

247 As reflexões da ética médica no mundo ocidental representaram, até a década de 1960, em grande medida o campo dos moralistas católicos e de alguns

em princípio, substancialmente equivalente ao núcleo da bioética

comentadores judeus. A contribuição católica para a ética médica foi universalizada de maneira notável. Isso pressupõe, não só que fale a todos, independentemente de seu arrependimento ou aceitação da Graça, mas também o fato de que a essência da bioética católica pode ser articulada sem referência à Revelação ou a um conhecimento especial, acessível apenas através da purificação do coração. Considere, por exemplo, as afirmações feitas por Edwin Francis Healy, S.J., sobre a autoridade geral das obrigações, tratada em seu importante texto sobre ética médica: "Todos os seres humanos, então, são chamados a obedecer à lei natural. Consequentemente, não importa se alguém é católico, protestante, judeu, pagão ou não tem afiliação religiosa; o ser humano, entretanto, é obrigado a tomar consciência e observar os ensinamentos da lei da natureza. Neste volume, todas as obrigações referidas decorrem da lei natural, a menos que o contrário seja evidente no contexto" (*Medical Ethics*. Chicago: Loyola, 1956, p. 7). Gerald A. Kelly, S.J., enfatiza a competência particular dos moralistas católicos em lidar com a moralidade secular que deve conectar todos os seres humanos: "Mas os moralistas católicos têm seu próprio direito a uma competência particular na ciência ética, a ciência moral que reconhece o certo e o errado, a ciência que aplica a lei moral aos problemas da vida humana. Eles são pessoas de longa data treinadas e conhecedoras neste campo específico. Sua preparação para essa atitude profissional é completa e abrangente; eles geralmente já ensinam a ciência da moralidade há um bom tempo; e têm que lidar constantemente com suas aplicações práticas. À parte de qualquer problema religioso, os moralistas católicos representam, de longe, o maior grupo de especialistas do mundo na ciência da ética. E eles têm uma tradição de estudos científicos que se estende ao longo dos séculos" (*Medico-Moral Problems*. Dublin: Clonmore & Reynolds, 1960, p. 34). Essas crenças são encontradas em vários textos orientadores do período. Veja-se, por exemplo: KENNY, John Paulinus. *Principles of Medical Ethics*. Westminster: Newman Press, 1962, p. 1; MCFADDEN, Charles Joseph. *Medical Ethics*. Philadelphia: F. A. Davis, 1961, p. 6. Um autor, ao tratar da validade universal do tema, objeto da pastoral da medicina, exprime a necessidade de que "a pastoral da medicina possa representar o ápice da ciência médica" (NIEDERMEYER, Albert. *Compendium of Patoral Medicine*. Trad. di Fulgence Buonanno. New York: J. F. Wagner, 1961, p. 4). O paradoxo dos estudiosos da bioética ou dos estudiosos da ética médica católica é que também apresentam demandas aos que não frequentam as paróquias, acreditam que a bioética tem um caráter universal e é acessível a todos segundo a razão natural. Quando a bioética católica entrou em sua fase pós-Concílio Vaticano II, a universalidade das demandas permaneceu imperativa, embora os paroquianos tendessem a diminuir. "Portanto, com exceção de certas discussões metodológicas, nas quais uma certa literatura continua a analisar e criticar abordagens especificamente católicas da metodologia teológica da ética médica, não é mais possível situar a ética médica católica como sendo inteiramente distinta" (KELLY, David F. *The Emergence of Roman Catholic Medical Ethics in North America*. New York: Edwin Mellen Press, 1979, p. 303). Não se tratava de promover o caráter ecumênico da bioética católica (cf. KELLY, p. 406); essa bioética assumiu em muitos campos o caráter de bioética secular pela centralidade de referências baseadas no argumento racional e não em uma revelação especial. João Paulo II sublinhou a relação entre o fato de que os princípios fundamentais da moralidade humana e o caráter do bem são cognoscíveis pela razão e a capacidade de preservar uma consciência bem ordenada. "Como se pode perceber imediatamente, *a crise em torno da verdade* não é alheia a essa evolução. Tendo perdido a ideia de uma verdade universal sobre o bem, que pode ser conhecida pela razão humana, secularizada. Razões bem fundamentadas podem abrir as restrições morais que afetam as ações de médicos e pacientes, tanto crentes quanto não crentes. É desnecessário dizer que a tradição é verdadeiramente complexa e muitas restrições são necessárias com relação às reivindicações que a lei natural implica no contexto de sociedades decadentes e vidas levadas de forma imoral.[248] Além disso, as demandas foram colocadas universalmente. Elas não eram apenas universalistas, mas também pressupunham uma justificativa racional para o conteúdo moral que subscreviam. A dificuldade em assumir um compromisso moral denso de conteúdo cristão reside no fato de que todo compromisso particular também deve ser considerado, o que, embora em termos de conteúdo, não poderia ser justificado racionalmente. Desse modo, as exaustivas demandas feitas pela lei natural poderiam ser contrapostas com argumentos filosóficos secularizados, que poderiam então introduzir as demandas originais no problema, não exatamente como demandas filosóficas, mas como demandas concernentes ao conteúdo da moralidade religiosa.

A bioética católica encontrou-se em uma posição semelhante à da bioética protestante. O apelo da teologia protestante ao indivíduo como autoridade que interpreta as Escrituras, bem como o reconhecimento do indivíduo, justificado diante de Deus fora da tradição cristã e particularmente fora da comunidade cristã, tem colocado em perigo o conteúdo moral, proveniente da tradição. Da mesma forma, o apelo católico à razão minou a referência à tradição cristã que vinha dos Padres. Novamente, o conteúdo que não poderia ser justificado em geral era um conteúdo que respeitava as realidades nas quais se baseava para condená-lo.

O desenvolvimento da doutrina foi aceitável nas mãos de quem colocava a razão de forma satisfatória e sabia tirar as implicações da doutrina para que pudessem reformular o conteúdo

---

a concepção de consciência também mudou inevitavelmente" (João Paulo II, *Veritatis spledor*, n. 32).

[248] Tomás de Aquino admite que a concupiscência e as paixões podem pelo menos cancelar os preceitos secundários da lei natural. Disso se segue que uma cultura mal ordenada pode não estar ciente desses preceitos.

original. A reflexão bioética foi assim inserida no contexto geral da argumentação bioética secularizada. Por exemplo, tornou-se encorajador mudar a opinião de uma mulher, na dúvida para não fazer um aborto, a fim de tornar aceitável a justificação moral de certas decisões tomadas para interromper a gravidez. Se a obrigação de não fazer o aborto fosse interpretada de acordo com o direito de abstenção, típico da moral secularizada, deve-se reconhecer que poderia haver dificuldades consideráveis para quem necessariamente interpreta o feto como um agressor indevido, de modo a atender às demandas um tanto restritivas como necessárias para abrir uma violação em um direito à vida negativo. Se alguém interpretasse a obrigação da mãe para com o feto como um direito positivo da criança a ser mantida, seria geralmente aceito que os fardos poderiam derrotar mais facilmente a obrigação de cuidar. Retirar o feto do útero, neste sentido, não poderia ser considerado um ato de matar, mas sim a recusa em obter assistência devido aos fardos associados.[249]

O apelo à escolha individual e à argumentação racional característicos da modernidade, junto com a necessidade de falar a todos para ser compreendido por todos sem uma conversão espiritual, transformou as reflexões da bioética cristã das décadas de 1960 e 1970 nas da bioética secular das décadas de 1980 e 1990. Pode-se objetar que, então, somente o que é racionalmente estabelecido pode ser legitimamente realizado contra a consciência de todos. Essa mudança da religião para o argumento racional secularizado é a consequência de um desenvolvimento ininterrupto do fideísmo e misticismo da igreja primitiva à racionalidade da alta Idade Média.[250] Para que os cristãos tivessem uma mensagem que pudesse ser compreendida por todos através do diálogo, mas sem conversão, era necessário referir-se a um conteúdo que não é particular, mas geral.

---

[249] Para uma argumentação deste tipo e estruturada dentro da tradição católica, veja-se: NICHOLSON, Susan T. *Abortion and the Roman Catholic Church.* Knoxville: University of Tennessee Press, 1978.

[250] Cf. BUCKLEY, Michael J. *At The Origins of Modern Atheism.* New Haven: Yale University Press, 1987.

Conteúdo que, para ser utilizado, requer a sua generalidade, mostrando a sua ligação com a natureza humana ou com a razão humana de forma a ser compreensível fora das comunidades e crenças cristãs particulares e sectárias. Esse conteúdo teve que ser julgado por indivíduos fora do escopo de uma história e tradição específicas. A bioética cristã investiu em um projeto que do ponto de vista cristão tradicional poderia não ter sucesso, visto que não confiaria na profundidade sectária de seus compromissos, se não falasse diretamente à humanidade em geral. Um autêntico projeto que enfrenta os desafios que as novas ciências e tecnologias médicas apresentam e se abre para que todos possam apreciar as necessidades da reformulação do projeto cristão, ou, pelo menos, reformulá-lo em termos universalistas, implicitamente secularizados.

Bioética secular: uma revisão do conflito entre universalidade e conteúdo moral

A aspiração do Iluminismo era fundar na razão, na natureza humana, ou mesmo na sensibilidade, uma moralidade comum que transcendesse as várias intuições morais e religiosas. Desse modo, mesmo na retaguarda da pluralidade da bioética religiosa, havia a necessidade de resguardar uma bioética que pudesse ser compartilhada pela humanidade como tal: uma bioética secularizada e aberta a uma moralidade autorizada da qual os seres humanos participam como seres humanos, uma bioética à qual possam se afiliar como seres humanos. Além da diversidade das várias formas de bioética, protestante, católica e judaica, compartilhadas por médicos, pacientes e instituições de saúde, foi feita uma tentativa de se opor ao fato e demonstrar que as pessoas poderiam se unir em torno de um entendimento comum secularizado e relacionado a um fornecimento correto de cuidados de saúde. A partir daqui podemos avaliar como a bioética secular é inevitável, mas suas dificuldades também podem ser avaliadas. Para a sociedade, o interesse em justificar o sistema de saúde como um todo complexo é motivado por filósofos e teólogos que buscam uma ética que possa envolver a todos sem exceção. Mas, o caráter racional da justificativa ética introduz um conteúdo particular no problema ou nos desafia a considerá-lo como se fosse universal.

Por exemplo, não pode ser estabelecido qual abordagem moral alternativa tem as melhores consequências, a menos que as consequências já sejam conhecidas para compará-las. Não se pode saber exatamente como corrigir adequadamente as escolhas feitas, a menos que já possua uma perspectiva moral. A referência a uma visão moral é necessária para suportar o peso do presente em relação ao futuro e para fazer escolhas satisfatórias.

Da mesma forma, mesmo a referência a tomadores de decisão hipotéticos ou a sujeitos capazes de delinear um comportamento moral apropriado, requer que eles sejam confrontados com uma teoria moral em vez de outra ou com alguma teoria do bem. Por exemplo, depende de uma teoria moral o modo como se classifica a obrigação de respeitar a liberdade em face da obrigação de garantir a igualdade, ou o fato de apoiar o direito da pessoa a obter uma melhor qualidade de serviço ao invés de garantir uma base de saúde válida para a maior parte, ou mesmo o fato de que se pode pedir a todos que recebam cuidados de saúde iguais. Compreender obrigações ou avaliar consequências requer referência a um conteúdo moral. Como Hegel observou em sua crítica a Kant, cada conteúdo é particular.[251] A aspiração kantiana de extrair da própria razão uma noção reguladora e exaustiva de bem ou de dever deve necessariamente falhar.

Se alguém evita essa busca por fundamentos, deve se contentar em aceitar percepções morais específicas ou um consenso moral específico. Aqui surge o problema: quais intuições, qual consenso, qual moralidade comum pode ser regulativa? A aspiração da moralidade secularizada de obter um conteúdo moral

[251] Veja-se como Hegel trata "Moralität" na *Filosofia do Direito*, particularmente na seção 90, e também "Sittlichkeit", particularmente na seção 150. Desenvolvi esta questão ampla em: ENGELHARDT, JR., Hugo Tristram. Sittlichkeit and Post-Modernity: An Hegelian Reconsideration of the State. *In:* ENGELHARDT, JR., Hugo Tristram; PINKARD, Terry (eds.). *Hegel Reconsidered: Beyond Metaphysics and the Authoritarian State*. Dordrecht: Kluwer, 1994, p. 211-224.

regulador, portanto, esbarra no pluralismo de visões morais e na impossibilidade de justificar um determinado conteúdo moral, generalizando-o. A tentativa de ter uma ética universalmente válida e uma ética de conteúdo mostra-se impossível, pelo menos enquanto a ética deve ser justificada pelos argumentos de uma moralidade geral secular. O conteúdo, por outro lado, é particular. A bioética secular reproduz, assim, um dos problemas que pretendia resolver: ou seja, revela inúmeras alternativas à bioética secular. Na verdade, para estabelecer qualquer conteúdo moral, deve referir-se a uma teoria moral, isto é, à fraca teoria do bem, à interpretação da moralidade racional, à classificação das consequências, e assim por diante. Para escolher entre as concepções competitivas de bem, de valores e de princípios morais, já se deve ter uma linha orientadora de compreensão em nosso contexto cultural sobre bens, valores e princípios morais. Mas, como se pode justificar a escolha dessa visão moral presente no pano de fundo do contexto cultural?

Devemos tomar isso como certo, nos comprometermos com um regresso infinito ou abandonar o projeto de nos considerarmos capazes de descobrir na razão humana uma moralidade secularizada, reguladora, de conteúdo, capaz de conectar todos os seres humanos, e, então, além da contingência histórica, capaz de compreender todas as alternativas morais, ou devemos retornar ao pluralismo das explicações morais, pluralismo do qual havíamos escapado?[252] O pluralismo de visões morais, nascido com a Reforma, foi retomado pelos boatos pluralistas da era pós-moderna. Em vez de uma pluralidade de bioéticas religiosas, somos agora confrontados com uma pluralidade de bioéticas seculares. A diversidade de visões morais e religiosas foi substituída por diferentes entendimentos da moralidade secular, relacionados ao campo particular da saúde. Uma ética universal e uma bioética secular que englobe todas as outras não pode ser alcançada, pelo menos nos termos considerados acima. A busca por uma ética secular e uma bioética não pode, em princípio, levar a uma

[252] Cf. ENGELHARDT, JR., Hugo Tristram. *The Foundations of Bioethics.* Oxford: Oxford University Press, 1996. Veja-se especialmente o segundo capítulo.

explicação moral prevista com uma interpretação regulatória e baseada no conteúdo de valores, bens ou princípios morais. É preciso ou abandonar o objetivo de uma bioética secular prevista com conteúdo moral ou conviver com uma pluralidade insolúvel de visões morais.

A bioética secular diante da pós-modernidade: viver sem conteúdo moral

No final do segundo milênio, a bioética apresenta a crise da filosofia moral. Se o argumento racional pudesse ser capaz de cobrir ou de estabelecer uma explicação regulatória e baseada no conteúdo do comportamento correto, então, seria necessário condenar todas as outras explicações com as quais discordamos como irracionais; a autoridade da razão deve ser usada para examiná-los com força coercitiva, e eles não podem ser condenados em nome de um bem garantido que os restringe como alheios à sua natureza. No entanto, se houver inúmeras morais racionais seculares e tipos de justiça, tanto maior será o número de religiões, então, o pluralismo moral não pode ser posto de lado pela filosofia. Em vez disso, a filosofia em geral, bem como a bioética, dá expressão a uma cacofonia de diferentes narrativas de moralidades competitivas e nenhuma delas pode ser identificada como reguladora com base em argumentos racionais válidos. Abandonamo-nos ao insolúvel pluralismo da pós-modernidade. Nesta circunstância, a autoridade da moralidade secularizada comum só pode derivar do consentimento daqueles que se unem em uma tentativa comum.

Não é por acaso que as controvérsias mais recentes e importantes sobre a bioética dizem respeito a acordos ou consentimentos. Mesmo quando não se pode concordar sobre uma moralidade particular dos médicos ou sobre os objetivos particulares dos cuidados de saúde, pode-se, pelo menos, fundamentar a autoridade moral no tratamento dos pacientes, no consentimento dos envolvidos. Se não é fácil encontrar uma solução para as controvérsias com um apelo direto à força, e se não compartilhamos uma perspectiva moral, religiosa ou cultural comum, e se a razão não pode nos abrir uma única visão moral reguladora, então, a autoridade secular geral só pode ser baseada no consentimento dos envolvidos em um compromisso. Essa condição cultural nos leva a uma revisão radical da bioética secular vista não como a expressão de um argumento racional válido, mas como o resultado do desejo de adaptar uma moral comum, vinculando-a a uma moral alheia. Mesmo quando as pessoas não compartilham uma visão moral do conteúdo em questão, mesmo quando não têm amparo moral no sentido de não possuírem suficientes premissas morais ambientais, ou regras de inferência moral ou individual, reconhecidas como referência autoritária para a resolução de conflitos, elas ainda podem ser fundadas na autoridade moral comum baseada no consenso. A correção dessa possibilidade permite o uso autorizado da força de forma defensiva e punitiva contra aqueles que agem contra inocentes sem o seu consentimento. Autoriza inclusive a criação de direitos ao bem-estar da saúde além dos recursos usuais. Mas, não permite a descoberta de um cânone de justiça, regulatória e fundamentada no conteúdo, que forneça o conteúdo desses direitos. Sem a autorização de uma visão fundamentada no conteúdo da justiça, os direitos previdenciários podem ser estabelecidos revertendo o que é significativamente limitado pela liberdade das pessoas concretas e pela extensão de seus meios.

A diversidade de moralidades e restrições morais fixam o caráter da bioética secular. Os direitos à privacidade, como direitos morais, prometem espaços de liberdade moral dentro dos quais outros não podem estabelecer sua autoridade e, por isso, constituem espaços nos quais os indivíduos, sozinhos ou em comunidade, podem buscar seus próprios entendimentos sobre os usos corretos da medicina. Tais direitos à privacidade são essenciais devido à falta de argumentos racionais válidos que justifiquem a autoridade de outros para impor sua visão moral sobre os que não consentiram. A sociedade secularizada, na qual o sistema de saúde deve estar articulado, deve, portanto, na ausência de qualquer outra coisa, colocar-se como neutra e não subscrever determinados conteúdos morais, no sentido, por exemplo, de um determinado ponto de vista sobre a justiça. Em uma sociedade secularizada, as pessoas e suas comunidades devem ser livres para seguir seus próprios conteúdos morais juntamente com suas concepções de bioética e direitos à saúde. Pode muito bem ser previsto que as comunidades morais (por exemplo, católica, protestante e secular) irão minar suas associações de médicos, clínicos e hospitais, a fim de fornecer cuidados de saúde consistentes com sua visão moral e apoiar os direitos ao bem-estar da comunidade, proibindo suas associações e instituições de qualquer envolvimento em empreendimentos que considerem imorais. As comunidades morais devem, por falta de outras coisas, ser livres para buscar uma diversidade de pontos de vista morais e realizar julgamentos morais importantes. O reconhecimento da diversidade moral e o compromisso com a colaboração pacífica não implica que se deva aceitar o mal que os outros fazem. Aqueles que se referem a uma revelação extraordinária e a um conteúdo contingente podem julgar com segurança suas ações com base nisso. E enquanto se abstém da força coercitiva, o verdadeiro conceito de tolerância envolve apenas o sofrimento pelo que não é aprovado. A tolerância é compatível com a condenação pacífica das ações morais dos outros.

Na ausência de um discurso secularizado e fundamentado no conteúdo em uma base moral racional, contamos com a autoridade da moralidade secularizada com base no consentimento de pessoas colaborativas. O resultado é uma moralidade que pode ir além da diversidade de visões morais baseadas no conteúdo. Não compensa a si mesma em termos de conteúdo, embora tenha implicações essenciais. Entre eles está o fato de que conta com estruturas gerais de um sistema limitado, neutro e liberal, dentro do qual diferentes comunidades morais podem colaborar pacificamente, a ponto de tentarem se converter pelo testemunho, mas não pela força. Em um mundo pós-cristão, pós-tradicional, e, portanto, em grande parte pós-comunista, onde até mesmo os sonhos do Estado de bem-estar foram destruídos em face de problemas filosóficos e práticos, ainda há uma fonte de autoridade moral nos direitos ao bem-estar limitado no campo da saúde. Isso é alcançado sem referência a uma compreensão essencial de justiça e equidade, mas apenas com o consentimento das pessoas e com referência aos limites desse consentimento. Em um mundo de diferenças morais concretas, resta um discurso moral secularizado segundo o qual fortes julgamentos éticos podem ser feitos, um discurso moral que proíbe a imposição coercitiva de uma visão particular de valores às pessoas que não o permitem, a menos que ajam contra a estrutura de tolerância e colaboração mútua e pacífica. Embora a bioética secular não possa fornecer um sentido, muito menos que uma análise profunda do crescimento humano, pode, no entanto, fornecer a base para uma moralidade, fundada na autoridade da colaboração entre indivíduos pacíficos que se comprometem a reformar o sistema de saúde dentro do Estado democrático.

VI

A força do paradigma dos princípios em bioética

Tom L. Beauchamp[253]

Os princípios, que podem facilmente ser compreendidos e usados, surgiram com algum destaque no desenvolvimento da ética biomédica nos Estados Unidos durante os anos 1970 e início dos anos 1980. Os princípios foram usados pela primeira vez para apresentar estruturas de hipóteses avaliativas que filtravam a moralidade e forneciam às pessoas oriundas de ambientes diversos um conjunto de regras úteis e compartilháveis para refletir sobre vários tipos de problemas morais nas ciências biomédicas. Os princípios proporcionaram na fase embrionária da

[253] [N. do T.] Tom Lamar Beauchamp (1939-2025) é um filósofo estadunidense que se especializou em filosofia moral, bioética e ética animal. É um dos pioneiros da bioética e professor emérito de filosofia na Georgetown University, onde foi pesquisador do Kennedy Institute of Ethics. Beauchamp trabalhou na equipe da Comissão Nacional para a Proteção de Sujeitos Humanos de Pesquisa Biomédica e Comportamental (1974-1978), onde co-escreveu o Relatório Belmont em 1978. Posteriormente se juntou a James F. Childress para escrever *Principles of Biomedical Ethics* (Oxford University Press, 1979), um dos primeiros livros de bioética e que deu origem ao principialismo bioético; em conjunto com Ruth R. Faden, escreveu *A History of Informed Consent* (Clarendon Press, 1986); com Laurence McCullough, *Medical Ethics* (Prentice Hall, 1984); é autor de *Standing on Principles: Collected Essays* (Oxford University Press, 2011); e com David DeGrazia, escreveu *Principles of Animal Research Ethics* (Oxford University Press, 2020).

bioética um "método" para lidar com seus problemas e ofereceram a razão e o motivo com base nos quais a bioética se constitui em seus fundamentos, por princípios morais, e não apenas por sensações ou sentimentos.

No entanto, em meados da década de 1980, o paradigma dos princípios foi confrontado com certa agressividade. Vários métodos alternativos e estruturas diferenciadas começaram a aparecer. Em si mesmas, alternativas teóricas e metodológicas devem ser bem-vindas no campo bioético. Nos últimos anos, essas alternativas teóricas têm avançado a qualidade da reflexão nessa área, e têm contribuído para gerar e sustentar a ética clínica, ainda incipiente, com seus problemas metodológicos. As diferentes abordagens alternativas também forçaram os defensores do paradigma dos princípios a tornarem suas ideias mais articuladas, mas não as rejeitaram. As alternativas dominantes são, em sua maior parte, inteiramente compatíveis com o paradigma dos princípios. Podem até mesmo apoiar-se mutuamente.

Iniciarei minha apresentação dessa perspectiva delineando a abordagem da ética baseada em princípios, apresentada no volume que James F. Childress e eu escrevemos em meados da década de 1970, *Princípios de Ética Biomédica*.[254] Em nosso livro, os princípios morais são vistos como regras gerais de conduta das quais muitos outros preceitos e julgamentos morais dependem. Nossa estrutura particular de princípios foi desenvolvida no campo da ética biomédica e não como uma teoria ética geral. Um princípio é entendido como uma norma essencial em um sistema de normas construído para o pensamento moral. Os princípios também cumprem a função de indicar as características moralmente importantes de situações particulares. Desta forma, o sistema de princípios não é um sistema baseado meramente na fé pessoal ou um sistema de normas a serem administradas.

O ponto de vista que Childress e eu assumimos desde a composição de nosso livro em meados da década de 1970 é o

[254] Veja-se: BEAUCHAMP, T. L.; CHILDRESS, J. F. *Principles of Biomedical Ethics.* 4th ed. Oxford: Oxford University Press, 1994. Veja-se também: GILLON, Raanan; LLOYD, Ann (eds.). *Principles of Health Care Ethics.* London: John Wiley & Sons, 1994. O segundo volume contém uma série de ensaios iluminados pelo primeiro.

seguinte: as regras mais específicas para uma ética relativa à saúde e à pesquisa podem ser formuladas *com referência aos* nossos quatro princípios, mas nem as regras nem os julgamentos podem ser *deduzidos* diretamente dos princípios. Uma interpretação suplementar e uma descrição detalhada dos princípios estão invariavelmente e necessariamente conectadas com a complexidade dos problemas, com as diretrizes e com os casos. Nos interessamos tanto pelos casos difíceis e pela necessidade de enfrentá-los por meio da especificidade de princípios, quanto pelos próprios princípios e regras.

A estrutura dos princípios e seu fundamento nos cuidados de saúde

Os princípios incluídos na estrutura podem ser classificados em quatro categorias: i) respeito à autonomia (*respect for autonomy*) (princípio que exige respeito pela capacidade de decisão, em pessoas autônomas); ii) não maleficência (*non-maleficence*) (princípio que exige não causar danos a terceiros); iii) beneficência (*beneficence*) (conjunto de princípios que exigem prevenção de danos, obtenção de assistência para equilibrar a ajuda frente aos riscos e custos); e, iv) justiça (*justice*) (conjunto de princípios que exigem uma distribuição adequada dos cuidados, riscos e custos de forma imparcial).

A razão para escolher essa estrutura ou essas quatro categorias particulares de orientação moral, deriva, em parte, dos papéis profissionais e da tradição. Ao longo dos séculos, as obrigações e virtudes das profissões de saúde, conforme observadas nos códigos e aprendidas nos escritos sobre ética, foram concebidas, acima de tudo, como compromissos profissionais para proteger os pacientes dos danos de doenças e ofensas e para fornecer cuidados médicos de acordo com a exigência ética das obrigações de não-maleficência e beneficência. Esses princípios, interpretados em uma ética *biomédica*, encontram sua base e a constroem sobre essa tradição.

Mas a estrutura dos princípios também vai além dos compromissos profissionais tradicionais: alguns princípios enfatizam aqueles aspectos importantes da moralidade que haviam sido tradicionalmente negligenciados na ética profissional, especialmente os princípios de respeito pela autonomia e justiça. A tradicional preocupação com a saúde pautada na não-maleficência e na beneficência, como modelos de sua ética ("antes de tudo, não fazer mal", diz o famoso ditado), precisa ser transformada em um modelo baseado na autonomia do paciente, ao mesmo tempo em que se defronta com um quadro mais amplo de relações morais e sociais, em particular aquelas voltadas para a realização da justiça social por meio da proteção das pessoas mais fracas e de um sistema social adequado que distribua assistência e encargos. Portanto, todas as quatro categorias são fundamentais para a estrutura dos princípios da bioética.

A natureza dos princípios

Alguns autores fazem uma distinção clara entre princípios e regras, mas Childress e eu não oferecemos uma distinção clara entre eles. Princípios e regras, em nossa abordagem, não devem ser concebidos nem como regras práticas nem como prescrições além da crítica. Em vez disso, eles representam normas que são sempre obrigatórias, *a menos que* entrem em conflito com as obrigações de outro princípio ou regra pertencente a uma moralidade diferente. No caso de um conflito, certa equidade, harmonia ou forma de equilíbrio deve ser encontrada entre duas ou mais normas, caso contrário, uma norma simplesmente anula a outra.

Anular uma obrigação em favor de outra parece arriscado e flexível para alguns de nossos críticos, pois se as normas morais carecem de apoio e podem ser magicamente abandonadas, elas não se apresentam como obrigações *reais*. Mas, na ética não há como escapar do exercício do julgamento, quando os conflitos entre princípios, regras, direitos e qualquer outra forma de conflito normativo devem ser resolvidos. Os julgamentos podem ser baseados em princípios ou guiados por regras sem anular o *discernimento* variável. Desde que uma variável não rejeite as demandas por uma estrutura aplicável de princípios imparciais e regras associadas, os julgamentos não podem ser considerados arbitrários ou não baseados em princípios, mesmo quando um princípio se sobrepõe a outro.

O uso fácil dos princípios em si requer julgamento, que por sua vez depende do caráter, da intuição moral e de um senso de responsabilidade e integridade pessoal. Essas qualidades da pessoa não são princípios nem formas de se conformar a princípios. As decisões sensatas, prudentes e judiciosas são frequentemente feitas sem serem "baseadas em princípios" no sentido de uma aplicação mecânica de um princípio. Por essa razão, Childress e eu dedicamos um capítulo completo às virtudes, que acreditamos estar no mesmo nível de importância que os princípios.

A necessidade de especificar os princípios

Childress e eu acreditamos que os princípios têm sua origem e encontram seu apoio na moralidade social comum, não menos do que na tradição da saúde; entretanto, não reivindicamos que o surgimento dos princípios em um sistema desenvolvido de bioética médica seja idêntico ao modo como aparecem nas tradições das quais derivam. Cada norma geral contém regiões de indeterminação que devem ser reduzidas com um desenvolvimento mais amplo de suas aplicações, aumentando as normas com conteúdo moral mais específico. Princípios implicam julgamentos morais porque em princípios abstratos o conteúdo moral é muito limitado. Mas como o que está implícito está sendo *determinado e decidido*? Como podemos preencher a lacuna óbvia entre princípios abstratos e exercícios concretos?

A resposta está no fato de que especificar normas envolve fornecer-lhes casos detalhados para superar conflitos morais e a incompletude de princípios e regras. A especificação constitui um traço progressivo e essencial de normas-princípios ou de regras que os empurram para fora de sua abstração e indeterminação, proporcionando, assim, um conteúdo experiencial mais detalhado, que os orienta na ação.[255] O aumento do conteúdo e das orientações, que ocorre por meio da especificação, é essencial tanto para o contexto sistemático quanto para a tomada de decisões no campo clínico.

Princípios devem, portanto, ser considerados menores do que as normas que são *aplicadas* e maiores no sentido de que são diretrizes gerais *desenvolvidas e adequadas* para tarefas específicas, geralmente para o desenvolvimento de planos ou para fazer a prática avançar. O que é exigido, imposto ou condenado pela moralidade social pode, portanto, constituir algo menos do que descobrimos já usado com base em princípios e regras, e algo mais do que decidimos nos referir e desenvolver de forma consistente com esses princípios e essas regras.

Como um exemplo simples de especificação e "inventividade" em uma situação contingente de conflito de obrigações, consideramos os conflitos que surgem entre dois papéis, o do pesquisador e o do profissional clínico. Como pesquisador, o médico tem a obrigação profissional (de cuidado positivo) para produzir conhecimento científico que beneficiará *futuros* pacientes. Mas, como profissional clínico, o médico tem obrigações de cuidado que exigem que ele aja no melhor interesse *na condição presente* dos pacientes (o que também se enquadra no capítulo de cuidado positivo). O próprio conceito de médico-cientista indica dois papéis que o empurram em direções diferentes; cada função tem suas próprias obrigações específicas (as de assistência positiva e aquelas definidas pelos outros princípios) que podem ser comprometidas. Como, então, cumprir as diversas obrigações, vinculadas ao papel de uma forma mais precisa, limitada, específica e coerente, quando entram em um conflito situacional?

[255] O artigo de maior autoridade sobre o assunto foi o de: RICHARDSON, Henry S. Specifying Norms as a Way to Resolve Concrete Ethical Problems. *Philosophy and Public Affairs*, v. 19, n. 4, 1990, p. 279-310. Disponível em: https://www.jstor.org/stable/2265316. Veja-se também: DEGRAZIA, David. Moving Forward in Bioethical Theory: Theories, Cases, and Specified Principlism. *The Journal of Medicine and Philosophy: A Forum for Bioethics and Philosophy of Medicine*, v. 17, n. 5, 1992, p. 511-539. Disponível em: https://doi.org/10.1093/jmp/17.5.511.

Existem duas possibilidades. Uma é separar os papéis para que as obrigações não entrem em conflito; por exemplo, especificando que os médicos com responsabilidade clínica não podem tratar seus pacientes quando realizam tarefas de pesquisa. Essa formulação é uma "descoberta" profundamente enraizada na convicção de que as obrigações do médico para com os pacientes não devem ser desafiadas pelas obrigações derivadas do papel do pesquisador. Essa forma de proceder resolverá alguns problemas relacionados ao papel duplo, mas (como é típico de contextos nos quais a especificação é conveniente) isso levará a outros problemas não resolvidos e à necessidade de especificações adicionais. Suponhamos, por exemplo, que em uma equipe de médicos, o melhor interesse de alguém em uma determinada situação é assumir o papel de médico e pesquisador ao mesmo tempo, apesar da consciência de que certamente surgirão para ele conflitos de interesses e conflitos de obrigação. Neste caso, podemos especificar o seguinte: "os médicos podem, ao mesmo tempo, aceitar obrigações clínicas e de pesquisa para os mesmos pacientes, apenas se os pacientes forem *totalmente esclarecidos* sobre sua dupla função e qualquer conflito de interesse nelas presente". Este esclarecimento tenta tornar aceitáveis ambas as obrigações, combinando-as, e acrescenta a obrigação de comunicar, que anteriormente não era reconhecida como vinculativa.

É precisamente com essas especificações que a moralidade se desenvolve e permite o progresso moral. Resolvemos problemas morais por meio de esclarecimento criativo e contínuo. Os esclarecimentos envolverão ora um equilíbrio de princípios, ora uma união de obrigações que se somam, e, em outras ocasiões, ao desenvolvimento de um ou mais princípios para tornar cada um deles mais precisos, tendo em vista os propósitos que caracterizam a linha de conduta escolhida. Desta forma, nos tornaremos mais precisos e práticos, enquanto permanecemos fiéis aos nossos princípios e regras originais. Tal estratégia tem a vantagem de concretizar nossos compromissos avaliativos e de ampliá-los, presumivelmente, fazendo com que adquiram maior viabilidade e maior consistência no contexto de importantes orientações morais.

Dessa perspectiva, especificar ou esclarecer é o braço de um método mais amplo que introduz coerência em nossas convicções morais. Existem, é claro, problemas emaranhados sobre os melhores métodos a serem usados para obter a especificação e como podemos *justificar* um esclarecimento proposto, mas, parece claro, *que* precisamos tornar nossas normas específicas para não fazer um apelo totalmente vazio a princípios e regras. Além disso, acredito que essa tarefa está no centro do que fazemos no campo bioético.

No entanto, algumas teorias não se referem a princípios de forma alguma, e várias dessas teorias surgiram nos últimos anos. Considerarei agora duas alternativas entre elas: i) a casuística (*casuistry*); e, ii) as explicações da regra imparcial (*impartial rule accounts*). Argumentarei da seguinte maneira: essas alternativas podem ser consistentes umas com as outras e não precisam necessariamente competir com a explicação da ética profissional, baseada em princípios.

A casuística como paradigma alternativo

O termo *casuística* se refere a um método que usa casos para analisar e propor soluções para problemas morais. Os casuístas veem a ética como fundada na experiência de solucionar casos difíceis.[256] O método casuístico começa com casos *paradigmáticos*, cujas conclusões são organizadas com base em conteúdos éticos,

[256] Cf. JONSEN, Albert R.; TOULMIN, Stephen E. *The Abuse of Casuistry: A History of Moral Reasoning.* Berkeley: University of California Press, 1988, p. 11-19; 66-67; 251-254; 296299; JONSEN, Albert R. Casuistry as Methodology in Clinical Ethics. *Theoretical Medicine*, v. 12, 1991, p. 295-307. Disponível em: https://doi.org/10.1007/BF00489890; ARRAS, John D. Getting Down to Cases: The Revival of Casuistry in Bioethics. *The Journal of Medicine and Philosophy*, v. 16, n. 1, 1991, p. 29-51. Disponível em: https://doi.org/10.1093/jmp/16.1.29; ARRAS, John D. Principles and Particularity: The Role of Cases in Bioethics. *Indiana Law Journal*, v. 69, n. 4, 1994, p. 983-1014. Disponível em: https://www.repository.law.indiana.edu/cgi/viewcontent.cgi?article=1621&context=ilj; JONSEN, Albert R. Casuistry and Clinical Ethics. *Theoretical Medicine*, v. 7, 1986, p. 65-74. Disponível em: https://doi.org/10.1007/BF00489424; JONSEN, Albert R. Practice Versus Theory. *The Hastings Center Report*, v. 20, n. 4, 1990, p. 32-34. Disponível em: https://doi.org/10.2307/3562765; embora alguns casuístas sejam críticos da teoria,

e posteriormente estabelece uma comparação e compara as características centrais do paradigma dos casos (moralmente claros e estabelecidos) com as particularidades dos casos que precisam ser uma decisão moral. Para ilustrar este ponto, façamos uma comparação entre o caso da lei e a doutrina anterior. As decisões judiciais tornam-se potencialmente normativas para outros juízes que comparam casos semelhantes que ocorreram nas mesmas circunstâncias.

Os métodos característicos da casuística contemporânea incluem esta vantagem do caso, que se torna normativo, juntamente com uma forte preferência pelo raciocínio analógico em comparação com a teoria ética e os princípios abstratos. Na verdade, o que une um caso a outro é o raciocínio analógico. A argumentação moral recorre e apela a analogias, modelos, esquemas de classificação e até mesmo intuição imediata e abordagens perspicazes que discernem detalhes.

Muitos casuístas contemporâneos não estão satisfeitos com teorias baseadas em princípios, particularmente quando a teoria é representada, por seus proponentes, como uma teoria científica unificada, baseada em princípios imparciais e universais (como, por exemplo, Henry Sidgwick parecia propor). Os casuístas argumentam que a ética em sua prática não é uma ciência nem uma teoria. Além disso, quando os princípios são interpretados de forma inflexível, independentemente das nuances dos casos, alguns casuístas julgam os princípios como "tirânicos", pois impedem o compromisso e a solução de problemas morais, causando um intrincado nó de perplexidade, baseado em princípios, mas em conflito entre si.[257] Muitas vezes, podemos apenas evitar essas situações sem saída, na perspectiva dos casuístas, concentrando os pontos acordados em determinados casos; os princípios abstratos e a teoria não seriam utilizáveis aqui.

---

outros apoiam os princípios e a teoria da construção. Veja-se, por exemplo: BRODY, Baruch. *Life and Death Decision Making*. Oxford: Oxford University Press, 1988, p. 13.

[257] Cf. TOULMIN, Stephen. The Tyranny of Principles. *The Hasting Center Report*, v. 11, n. 6, 1981, p. 31-39. (Disponível em: https://doi.org/10.2307/3560542). Toulmin indica que seu alvo é "o culto aos princípios absolutos" (p. 37), mas os princípios podem ser superados, por isso não parecem cair em sua crítica.

Os casuístas também argumentam que os princípios e as regras são em geral muito indeterminados para levar a julgamentos morais específicos. Assim, é impossível, insistem os casuístas, que ocorra um movimento unidirecional de pensamento que vá de um princípio a um caso, o que geralmente se chama "a aplicação de um princípio a um caso". Além disso, segundo o ponto de vista dos casuístas, os princípios nada mais são do que *a soma de nossa experiência que se refletiu sobre os casos*, e não são normas independentes da experiência.

Embora muitas considerações válidas e sérias sejam apresentadas nos argumentos dos casuístas, eles, às vezes, escrevem como se os casos conduzissem a paradigmas morais, analogias ou julgamentos, inteiramente e apenas por meio de fatos ou talvez com recurso exclusivo às características mais importantes do caso. Mas, essa é uma premissa suspeita.

As características que observamos serem de importância moral nos casos são captadas por meio de valores que já aceitamos como moralmente relevantes. Não importa o quanto fatos notáveis sejam acumulados uns sobre os outros, ainda assim precisaremos de certas premissas de *valores* para chegar a conclusões morais. O paradigma dos casos defendido pelos casuístas, podemos dizer, está imbuído de valores.

Invocar o "paradigma dos casos" pode frequentemente encobrir essas dificuldades. Na verdade, "os casos" também poderiam ser definidos como "casos quem contêm uma norma". O modelo dos casos adquire status de paradigma porque os mandatos anteriores se referem a valores essenciais que foram mantidos de um caso para outro. Para passar construtivamente de caso a caso, uma ou mais normas de importância moral devem ligar os casos. As regras subjacentes às características morais importantes que especificam os casos não serão elas mesmas parte do caso, mas uma forma de interpretar e conectar os casos. Reconhecer um caso como um caso paradigmático é basicamente aceitar que qualquer princípio ou preceito permite que os paradigmas sejam aplicados a outros casos. Tudo o que aprendemos de um caso e subsequentemente aplicamos a outro não pode pertencer inteiramente ao primeiro caso; só uma certa forma de generalização pode nos permitir passar de um caso a outro. Quanto mais amplo for seu nível de generalização, mais próxima será a conexão da norma com seu status de regra ou princípio. O processo consiste em isolar e abstrair os aspectos gerais do caso que acreditamos que se repetirão nos outros casos. Além disso, parece improvável que encontraremos o *caso puro*, seja como um princípio que não foi influenciado por nossa experiência com casos, seja como um caso paradigmático que não foi influenciado por suposições mais gerais, como as regras e os princípios. Alguns estudiosos hoje falam "daquilo que está acima" (os princípios, as teorias) e "daquilo que está abaixo" (os casos, os julgamentos individuais) no campo ético, mas pode-se acreditar que nem um nem outro podem constituir um ponto de partida sem que uma forma influencie a outra.

Jonsen trata este problema como um casuísta, distinguindo os elementos descritivos do caso daqueles que ele chama de máximas morais que informam o julgamento sobre o caso: "as máximas fornecem 'os aspectos morais' da história. Para a maioria dos casos nos quais estamos interessados, aparecem diferentes aspectos morais, uma vez que muitas máximas parecem conflitar umas com as outras. O trabalho da casuística é determinar *qual máxima* seria *a norma do caso* e em que medida". Desse ponto de vista, a casuística *pressupõe* princípios (máximas ou regras) e os torna essenciais para a argumentação moral. Os princípios precedem a decisão, e, em seguida, são pesados e balanceados de acordo com as situações. Mas esse raciocínio é precisamente o do paradigma dos princípios, certamente não um paradigma rival. Além disso, acho que a metodologia da bioética que Childress e eu defendemos – um método de coerência, especificidade e equilíbrio – não é necessariamente diferente, em alguma maneira substancial, dos métodos propostos pelos casuístas.[258] Portanto, é difícil ver a ca-

[258] Cf. TOULMIN, Stephen. The Tyranny of Principles. *The Hasting Center Report*, v. 11, n. 6, 1981, p. 31-39. (Disponível em: https://doi.org/10.2307/3560542). "Partindo do paradigma dos casos que realmente entendemos – o que nas situações mais simples é entendido como nocivo, ou honesto e como generosidade – temos apenas que interpretar à nossa maneira, um passo de cada vez, até compreendermos o mais complexo e casos embaraçosos, em que os equilíbrios extremamente delicados podem e devem ser pesados" (p. 37).

suística como uma alternativa eficaz ao paradigma dos princípios. Se trata muito mais de bons amigos do que de rivais hostis.

A teoria da regra imparcial: a crítica do principialismo

Nem todos os que aceitam as diretrizes ou normas gerais da obrigação concordam que os *princípios* oferecem a melhor estrutura para a ética biomédica. Entre os críticos mais conhecidos estão Dan Clouser e Bernard Gert, que desconsideram de forma um tanto depreciativa a teoria dos princípios que Childress e eu defendemos como "paradigma dos princípios". Gert e Clouser apresentaram várias acusações contra nossa estrutura de quatro princípios. Segundo eles, os "princípios" são pouco mais do que uma lista de títulos de valores que é bom ter em mente; princípios carecem de substância moral profunda e não constituem guias adequados para a ação. Por exemplo, consideremos os princípios relativos à justiça. Eles argumentam que não existe um guia específico para a ação ou uma teoria da justiça que resulte desses princípios. Além disso, as análises dos princípios falham, em sua opinião, em oferecer uma teoria da justificação ou uma teoria que combine princípios em um módulo integrado. Os princípios também devem competir entre si em situações que apresentam dificuldades; apesar disso, a explicação subjacente é incapaz de decidir qual princípio deve ter prioridade, ou como pronunciar um julgamento sobre o conflito. Portanto, a doutrina dos princípios não oferece nenhum procedimento que permita uma decisão clara na resolução de casos difíceis de conflito. Em conclusão, de acordo com Gert e Clouser, na bioética, os princípios têm mais valor ritual do que substancial.[259]

[259] Cf. CLOUSER, K. Danner; GERT, Bernard. A Critique of Principlism. *The Journal of Medicine and Philosophy: A Forum for Bioethics and Philosophy of Medicine,* v. 15, n. 2, 1990, p. 219-236. Disponível em: https://doi.org/10.1093/jmp/15.2.219; cf. GREEN, Rorand M.; GERT, Bernard; CLOUSER, K. Danner. The Method of Public Morality Versus the Method of Principlism. *The Journal of Medicine and Philosophy: A Forum for Bioethics and Philosophy of Medicine,* v. 18, n. 5, 1993, p. 477-489. Disponível em: https://doi.org/10.1093/jmp/18.5.477; cf. CLOUSER,

Cada uma dessas questões é genuína e merece ser considerada. Childress e eu nos esforçamos muito em nosso trabalho para aplicar várias questões, desenvolvendo uma explicação coerente da justificativa ética e oferecendo uma explicação da especificação e do equilíbrio entre princípios e regras. Mais importante para o presente propósito, entretanto, é determinar se a teoria baseada em normas de Gert e Clouser pode superar os problemas reais que eles deixam para a atenção e responsabilidade da abordagem baseada em princípios. Acredito que sua teoria da regra imparcial não se sai muito melhor, além de suas críticas à teoria dos princípios que atacam. E agora vou explicar por quê.

Em primeiro lugar, eles dizem que falta aos princípios a substância moral profunda e a orientação diretiva próprias das regras. Este ponto é tecnicamente correto se considerarmos apenas os princípios, sem especificá-los. Mas, a observação se torna irrelevante quando avaliamos as diferenças entre esses diferentes tipos de teorias e sua defesa, porque suas regras não especificadas apresentam um problema semelhante e idêntico. A diferença fundamental entre o que Childress e eu chamamos de "princípios" e eles chamam de "regras imparciais" é esta: suas regras são menos abstratas e, portanto, têm um conteúdo um pouco mais diretivo e específico do que nossos princípios.

Por outro lado, Childress e eu enfatizamos esse fato desde nossa primeira edição (em 1979) e sempre insistimos que a especificidade das regras – regras que são ainda mais específicas do que aquelas apresentadas por teóricos da regra imparcial – é essencial para a ética da saúde, e que princípios simples não especificados de outra forma não nos levarão muito longe na prática. Além disso, uma estrutura mais ou menos idêntica de regras, apropriada à teoria da regra imparcial, é encontrada em nossa noção de princípios e regras. Argumentamos que os princípios são capazes de apoiar regras morais muito mais específicas e diretivas. Na verdade, mais de um princípio – por exemplo, o da autonomia e da

---

K. Danner; GERT, Bernard. Morality Versus Principlism. *In:* GILLON, Raanan; LLOYD, Ann (eds.). *Principles of Health Care Ethics.* London: John Wiley & Sons, 1994, p. 251-166.

não-maleficência – pode apoiar uma mesma regra, por exemplo, o segredo profissional médico. A seguir comparamos o modelo das regras que apoiamos e o das regras de Gert e Clouser, ordenadas sob o princípio da não maleficência (com base nas quatro regras).[260]

Beauchamp & Childress	Gert & Clouser
Princípio da não maleficência	*Quatro regras fundamentais*
1. Não mate	1. Tu não matarás
2. Não cause dor	2. Tu não causarás dor
3. Não incapacite	3. Tu não incapacitarás ninguém
4. Não prive os bens	4. Tu não privarás ninguém do prazer

Não há diferença moral substancial entre as duas estruturas de regras. Claro, o método de deduzir e apoiar as regras pode ser muito diferente; e, no caso das outras regras, é muito mais difícil organizá-las sob um único princípio. No entanto, neste ponto, me limito a mostrar que as regras deles ou não diferem em conteúdo das nossas ou não precisam disso e que as regras deles não são, no contexto completo da teoria, mais específicas e diretivas do que os nossos princípios. Eles oferecem dez regras contra nossos quatro princípios e regras relacionadas, mas apoiamos uma determinada versão de quase todas as regras deles.

Em segundo lugar, Gert e Clouser nos criticam pelo fato de que *tanto* a não maleficência *quanto* a beneficência são princípios em nossa estrutura. Segundo eles, não existem regras de assistência positiva na ética que constituam obrigações; nossas únicas obrigações na vida moral, com exceção dos deveres próprios das funções e de outros estados que impliquem um dever, são reconhecidas nas regras morais da não maleficência que proíbem causar dano ou praticar o mal. A conclusão deles é que o propósito da moralidade é minimizar o mal, não promover o

260 [N. do T.: Giovanni Russo] A diferença entre as duas propostas do prospecto é a da língua escrita e da língua falada; foi considerado bom traduzir o primeiro como um imperativo generalizado e o segundo com o pronome tu.

bem; os seres racionais podem agir com imparcialidade, em todos os momentos, para com todos com o objetivo de não causar danos, mas não podem, com imparcialidade, sempre promover o bem para todos.

Por mais interessante que seja esta tese, ela não é totalmente correta e nem mesmo pode ser sustentada na própria estrutura deles. Neste ponto, gostaria de explicar por que a tese deles não pode ser sustentada dentro da estrutura deles. Primeiro, precisamos considerar algumas implicações da visão de Gert e Clouser. O dominante é que nunca somos moralmente chamados (ou seja, obrigados por regras morais) para *prevenir* ou *remover* o dano ou o mal, mas *apenas para evitar causá-lo*. Não somos obrigados a *fazer* nada, apenas para evitar causar fatos prejudiciais. Embora pareça que Gert e Clouser frequentemente apoiem a abordagem de nossas obrigações gerais, esta tese não oferece muito do ponto de vista moral. Oferecemos alguns exemplos que destacam as dificuldades desta tese.

1. A vida do Senhor X corre grande perigo, mas se eu o avisar com um telefonema sobre o perigo, ele pode ser salvo. Eu não sou *obrigado* a fazer a ligação.
2. Uma criança perdida está vagando em uma rua movimentada, separada de sua mãe. Posso salvar a vida dela simplesmente agarrando-a pelo braço. Seria legal de minha parte fazer isso, mas não sou obrigado. Afinal, não há obrigações, em hipótese alguma, de prevenir danos, exceto para as funções que nos impõem obrigações. Um policial, portanto, seria obrigado a tirar a criança da rua, mas eu não.
3. Um cego na estrada evidentemente se perdeu e pede ajuda a você. Você não é obrigado a lhe dar instruções.
4. Só você testemunhou um grave acidente de carro que deixou os motoristas inconscientes. Você não precisa parar ou pegar seu telefone celular para chamar uma ambulância ao voltar para casa.

Esses são os exemplos que convenceram Childress e eu a admitir obrigações morais de cuidado positivo e a incluí-las em nosso sistema. Se Gert e Clouser acreditam que nunca caímos sob tais obrigações e que a moralidade das obrigações não contém pelo menos tanta ajuda positiva quanto esses quatro exemplos sugerem, então, é claro que eles têm uma visão profundamente distorcida da moralidade. No entanto, como Gert aponta em seu livro *Morality*, ele está persuadido de que somos moralmente obrigados a agir em situações como as citadas nos quatro exemplos. Ele se justifica dizendo que aceita a regra geral "faça seu dever" e então dá uma interpretação extremamente ampla dela. Ele explica suas considerações da seguinte forma:

> Embora os deveres, de um modo geral, façam parte de vários tipos de trabalho e funções, e assim por diante, existem alguns deveres que envolvem obrigações mais gerais [...]. Essas pessoas têm deveres [...] devido a algumas situações particulares, por exemplo, o trabalho ou os relacionamentos [...]. Em qualquer sociedade civilizada, se uma criança desaba em seus braços, você tem o dever de buscar ajuda. Você não pode simplesmente deixá-lo no chão e ir embora. Na maioria das sociedades civis, existe a obrigação de ajudar, quando: i) se está na proximidade física de alguém que precisa de ajuda para evitar um perigo grave, geralmente a morte ou um ferimento grave, ii) se está na única ou quase única posição de oferecer ajuda, e, iii) custaria muito pouco oferecer essa ajuda.[261]

Embora Gert insista que todos esses requisitos são apoiados pela regra "faça seu dever", eles são quase idênticos ao que Childress e eu chamamos de requisitos de cuidado positivo. Portanto, não pode ser o caso de que no sistema de Gert não haja obrigações de assistência positiva (como é o caso em nosso significado). Gert e Clouser não poderiam criticar nossos pontos de vista sobre o cuidado positivo, porque estamos, de fato, totalmente de acordo nas questões substantivas relacionadas ao que é moralmente exigido (mesmo que nossos métodos de questioná-los

[261] GERT, Bernard. *Morality: A New Justification of the Moral Rules.* Oxford: Oxford University Press, 1988, p. 154-155.

sejam um pouco diferentes). Frequentemente, em suas análises, parece que Gert e Clouser desejam interpretar conceitualmente as obrigações do cuidado positivo apenas como ideais morais. Seria inconsistente da parte deles manter essa abordagem, dada sua adesão à teoria moral de Gert.

Em termos mais gerais, acredito que quase todos os pontos da teoria dos princípios que Clouser e Gert parecem rejeitar podem ser validamente colocados em sua explicação sob a regra final de Gert: "faça seu trabalho" (ou "não evite de fazer seu trabalho"). Se esta interpretação estiver correta, nossas teorias parecem ser quase inteiramente compatíveis, embora seja sempre bom ter em mente que Childress e eu estamos escrevendo apenas sobre ética profissional, e não sobre uma teoria da regra imparcial, e no caso da casuística, existe uma alternativa eficaz ao nosso sistema de princípios. Gert e Clouser parecem ser melhores amigos do que rivais hostis.

VII

A concepção "cultural" de bioética

Daniel Callahan[262]

O papel cultural da bioética

Quase desde o seu início, a bioética anglo-americana tem sido fruto de sua época, e fruto de sucesso, neste ponto. Em seu livro "Medicina e Moralidade", de 1954, Joseph F. Fletcher[263]

---

262 [N. do T.] Daniel Callahan (1930-2019) foi *Senior Research* e Presidente Emérito do *The Hastings Center*, uma instituição apartidária de pesquisa em bioética que ele fundou junto com Willard Gaylin (1925-2022), em 1969. É autor de inúmeros artigos e livros, dentre os quais se destacam: *The Five Horsemen of the Modern World: Climate, Food, Water, Disease, and Obesity* (Columbia University Press, 2016), *The Roots of Bioethics: Health, Progress, Technology, Death* (Oxford University Press, 2012), *In Search of the Good: A Life in Bioethics* (MIT Press, 2012), *Taming the Beloved Beast: Why Medical Technology Costs are Destroying Our Health Care System* (Princeton University Press, 2009), *Medicine and the Market: Equity vs. Choice* (Johns Hopkins University Press, 2006), *What Price Better Health? Hazards of the Research Imperative* (University of California Press, 2003), *The Troubled Dream of Life: In Search of a Peaceful Death* (Georgetown University Press, 1993), *What Kind of Life: The Limits of Medical Progress* (Georgetown University Press, 1990), *The Tyranny of Survival and other Pathologies of Civilized Life* (Macmillan, 1973), *Abortion: Law, Choice and Morality* (Macmillan, 1970).

263 [N. do T.] Joseph Francis Fletcher (1905-1991) foi um filósofo estadunidense amplamente reconhecido por seu trabalho em teoria moral e ética aplicada. É mais conhecido pelo método de raciocínio moral consequencialista, presente em sua teoria da ética situacional que fundou na década de 1960 e um dos pioneiros da bioética. Era sacerdote ordenado da Igreja Episcopal dos Estados Unidos. Lecionou *Ética Cristã*, na Episcopal Divinity School, em Cambridge, Massachussets, e também na Harvard Divinity School, de 1944 até 1970. De suas obras, destaca-se: *Morals and Medicine: The Moral Problems of the Patient's Right to Know the Truth, Contraception,*

aventurou-se a encarar a escolha pessoal como o valor moral mais elevado e a luta contra a natureza como a missão mais libertadora da medicina. O que era uma combinação ousada na época tornou-se uma associação profética e popular, e no final da década de 1960 sua força tornou-se evidente, não apenas na medicina, mas na bioética recém-nascida. Os grandes temas propostos por Fletcher precisavam ser apenas complementados por outro grande ideal, próprio daquela época, a justiça e a igualdade, para atrair plenamente a atenção daqueles anos.

As coisas começaram a acontecer mais rapidamente depois. No Relatório Belmont, da Comissão Nacional para a Proteção de Sujeitos Humanos em Pesquisas Biomédicas e Comportamentais, em meados dos anos 1970, nas conclusões da Comissão Presidencial, no início dos anos 1980, e no esforço pela reforma sanitária que se tornou o valor no final dos anos 1980, assim, o centro de interesse sobre a justiça despertou uma forte corrente contra o domínio da medicina no mercado. Com sua centralidade na regulação conciliatória e moderada como um antídoto para o extremismo de direita e de esquerda, e no fato de aceitar o individualismo prevalecente em nossos dias, a corrente principal da bioética encontrou um lugar cultural para si, que foi extremamente produtivo. Os frutos da sua análise e das suas afirmações foram procurados pelos meios de comunicação, enquanto o governo e as entidades profissionais prestavam, no mínimo, a homenagem e o tratamento, embora tenham sido promovidos cursos e seminários em centenas de universidades.

O que mais se poderia pedir? Eu gostaria de sugerir um comprometimento maior. O escopo revelou duas deficiências graves, exatamente do tipo que geralmente atormenta os frutos bem-sucedidos: com efeito, faltou à bioética a capacidade de perseguir com suficiente reflexão a finalidade do bem comum, ou do interesse público, de um lado, e a da responsabilidade pessoal, ou as vantagens morais da escolha individual, por outro.

Artificial Insemination, Sterilization, Euthanasia (Princeton University Press, 1954); *Situation Ethics: The New Morality* (Westminster John Knox Press, 1966); e *The Ethics of Genetic Control: Ending Reproductive Roulette* (Anchor Press, 1974).

Com sua tendência a reduzir o problema do bem comum ao da justiça e a vida moral do indivíduo à conquista de sua autonomia, a bioética deixou um vazio no plano moral. Ao mesmo tempo, com sua tendência a buscar princípios gerais para a decisão ética, evitou a colocação *cultural* da moralidade, desenraizando-se, assim, do tempo, da história, da tradição e do contexto social.

É necessária mais reflexão muito mais ampla e mais pode ser feito. A reflexão sobre o bem comum e sobre a responsabilidade individual é necessária pela razão da crise econômica de todos os sistemas de saúde. A maioria dos países desenvolvidos testemunharam um aumento gradual nos custos de saúde, como uma porcentagem do produto interno bruto (PIB); e poucos países, como o Canadá e os Estados Unidos, experimentaram uma piora real do peso econômico da saúde. Quanto dos recursos de um país deveria ser destinado à saúde? Até que ponto a saúde pode ser comparada a outras necessidades sociais? Esses são problemas raramente analisados de maneira séria. Para responder bem, porém, seria necessária uma concepção ampla do bem comum e a capacidade de determinar, nesse bem, o lugar a ser dado à saúde.

A bioética não precisa de menos para desenvolver a capacidade de assistir os indivíduos, tornando-os aptos para as decisões sobre o bem moral de sua vida, e, assim, atuando no contexto do mais fundamental de todos os problemas morais: como devo viver minha vida? A saúde da alma (como se dizia nos séculos passados) é ainda mais importante do que a saúde do corpo. A necessidade da bioética de desenvolver uma compreensão mais rica de seu significado social não é menos evidente: a medicina contemporânea muda e molda a maneira como vivemos em nossas vidas coletivas, e essa forma moldada requer análise e julgamento.

Uma bioética *comunitária* e *cultural*, que agora nos falta – e, provavelmente, não por acaso – deve começar seu trabalho estudando tanto a responsabilidade individual quanto a dimensão social da vida moral. Eu gostaria aqui de descrever um esboço para esse tipo de pesquisa, em grande parte simplesmente colocando alguns problemas, que permanecem sobre a mesa.

Cultura e mudanças no campo biomédico

Não é por acaso que a bioética estadunidense gravitou em direção a uma ética da autonomia e autodeterminação quase desde o início. Essa tendência estava de acordo com a ideologia política dominante da sociedade estadunidense e logo se espalhou para a Grã-Bretanha na década de 1980. Além disso, o próprio campo recebeu muitos de seus primeiros impulsos mais específicos das violações flagrantes da integridade e dos direitos da pessoa. Pela primeira vez, a nova ética foi trazida à atenção da comunidade médica e do governo pelas revelações de abuso humano na pesquisa médica na década de 1960. Eu a chamo com o nome de "nova ética" para indicar que o tipo de problema levantado encontra pouco espaço nos cânones tradicionais da ética médica. O sistema do *Conselho de Revisão Institucional [Institutional Review Board]*, fundado em 1967, foi a primeira ação regulatória contemporânea e significativa do governo estadunidense em nome da ética biomédica. A partir dessa época, os pesquisadores biomédicos tornaram-se publicamente responsáveis pela experimentação em seres humanos para fins de pesquisa. Por causa da rebelião contra o paternalismo médico e a partir do questionamento da capacidade dos médicos (característica política dos anos 1960), o campo da bioética foi pela primeira vez empurrado para a defesa dos direitos individuais: a linguagem dos direitos era adequada à época e exuberante na praça pública.

No entanto, quase se perdeu de vista o quão vigorosamente a inovação bioética e os procedimentos médicos padronizados estavam moldando a base cultural em que as decisões individuais tinham de ser tomadas. A cultura inexoravelmente tradicional seria atraída para essas decisões de uma maneira, e não de outra. Nunca houve, nem mesmo no início, uma esfera equilibrada em que a escolha pudesse ser exercida. Mesmo quando a autonomia passou a ser proclamada e colocada no pedestal, seu conteúdo e o contexto em que foi exercida foram moldados, até mesmo manipulados, por um fundo cultural indiscutível tão poderoso quanto invisível. Permitam-me delinear aquela forma cultural que, creio, justifica a minha afirmação.

Medicina, moralidade e cultura

A influência mais forte causada pela mudança biomédica não se limitou ao corpo; não tem sido menor nas perspectivas individuais e nas instituições sociais que mudam a maneira como as pessoas se percebem e vivem suas vidas. As mudanças biomédicas tiveram uma quantidade surpreendente de efeitos. De maneira mais evidente, a própria medicina mudou seus objetivos e sua influência na sociedade ao longo dos séculos. O primeiro desenvolvimento significativo deu-se com o movimento, durante os séculos XVIII e XIX, que via a medicina como uma disciplina curativa e não apenas paliativa. A partir daquele momento, alcançou-se uma noção mais ampla de saúde, agora estendida ao bem-estar humano geral e não mais limitada apenas ao tratamento de doenças. Nesse ritmo, outra instância foi atingida: aquela que considerou as possibilidades da vida de forma diferente, devido aos avanços da medicina aliados a uma concepção mais ampla de saúde. Este foi o desenvolvimento que Joseph Fletcher vislumbrou na década de 1950 e que ainda é operacional hoje.

Os sinais disso podem ser vistos em muitos lugares e de muitas maneiras. As mudanças biomédicas, portanto, tiveram as seguintes consequências: elas reduziram radicalmente a mortalidade infantil ao reformular nossos pontos de vista sobre a gravidez e a educação infantil. Isso mudou a natureza da infância e da relação pais-filhos, gerando novas concepções sobre o processo de maturação e aculturação infantil, incluindo aquele intervalo cada vez maior entre a entrada da criança no mundo adulto e no da força de trabalho.

As mudanças biomédicas nos permitiram controlar a procriação, regulando a gravidez e sua sucessão; esse controle também provocou mudanças fundamentais na compreensão do papel feminino e da mulher na sociedade, relacionando-o à sexualidade e à procriação.

Provocaram também uma relação numérica diferente entre a população jovem e idosa e uma mudança na concepção de idade média na esfera social, transformando também a ideia de envelhecimento e a possibilidade de interação entre jovens e idosos. O fato de que os jovens normalmente esperam envelhecer é em si uma mudança extremamente importante.

Sobretudo por causa da psiquiatria, e depois por causa da genética, também muda a ideia de conhecermos a nós mesmos; e novas concepções de autocompreensão, por sua vez, produzem uma nova maneira de se relacionar com os outros. A perspectiva de técnicas sofisticadas que examinam a genética, usadas para uma variedade de doenças relacionadas à idade (doenças cardíacas, doença de Alzheimer), levanta questões profundas sobre o autoconhecimento e o tipo de conhecimento que os outros podem estruturar para nós. A crescente sofisticação no uso de drogas psicotrópicas, capazes de alterar o humor, o estado emocional e o pensamento, levanta, no entanto, questões extraordinárias sobre a forma como nos percebemos.

Nossas ideias sobre a fixidez da natureza humana estão mudando, concepções que, corretamente ou não, nos levam a pensar que a própria natureza humana pode mudar. Mesmo que seja uma afirmação falsa, o fato de alguém propor isso é em si uma fonte de mudança. A ideia utópica de que a natureza humana pode ser transformada em uma construção médica que pode ser manipulada à vontade é plausível e assustadora.

Ao mencionar as mudanças fundamentais causadas pelo progresso biomédico, certamente não faço uma revelação. Apesar disso, é notável a pouca reflexão que houve, no âmbito da bioética, sobre o significado, a importância e a possibilidade de aceitar as mudanças com base nas quais vivemos nossas vidas. Mais comumente, elas foram reduzidas a micro escolhas individuais, fortemente influenciadas por possibilidades biomédicas, ou reduzidas a problemas regulatórios no contexto de seu uso social. Completamente ausente deste tipo de análise, um complexo de problemas interessantes e importantes permanece. Vou fornecer aqui um exemplo.

Que tipo de avanço e aprimoramento médico será mais propício para o bem-estar moral e cultural da sociedade? (Distinto simplesmente do bem-estar de um ponto de vista médico?)

Quais são os usos do conhecimento médico e da tecnologia mais essenciais para o bem da comunidade humana e quais instituições sociais são necessárias para governá-los?

Qual avanço médico mais beneficiará a vida política e cultural futura da sociedade?

Quais mudanças médicas estão atualmente desencadeando a maior devastação para nossas instituições morais e culturais? Quais terão maior influência no bem-estar social? Pela lei, pela educação, pela família, pela política?

Como as mudanças no conhecimento e no poder médicos influenciaram as formas como a instituição da medicina é concebida e quais foram as consequências, prejudiciais ou benéficas, dessa concepção?

Como as mudanças no conhecimento e no poder médicos afetaram a maneira como vemos a saúde, a doença, a enfermidade e a morte? E quais foram as características favoráveis ou desfavoráveis mais importantes decorrentes dessas mudanças?

Qual uso do conhecimento biomédico é considerado mais favorável ao bem-estar individual e ao desenvolvimento social, e quais tipos específicos desse conhecimento podem ser considerados mais benéficos?

Qual é a relação entre saúde e felicidade? Visto que algumas pessoas saudáveis podem ser infelizes na maior parte do tempo, e algumas outras pessoas doentes são felizes, que implicações morais existem entre a aparente falta de simetria entre saúde e felicidade?

Questões semelhantes a essas sublinham a possibilidade do que eu chamaria de uma bioética *cultural*, servindo de contraponto e contrapeso à bioética dominante, reguladora e individualista. Com efeito, uma bioética comunitária e cultural deveria basear-se na análise dos modos como a cultura desenvolve as escolhas individuais, com a criação do contexto e dos limites das escolhas. A dificuldade em relação a uma ética mais regulatória se constitui pelo fato de ela não dar peso, de forma quase peremptória, a esses problemas. A lei pode ajudar a regular alguns problemas, por exemplo, substituir a figura materna, mas a lei não pode nos ajudar a entender as mudanças nas visões culturais da paternidade, visões que a tornam aceitável para tantas pessoas em nossa sociedade, a escolha da adoção.

A moralidade da escolha privada

A bioética cultural precisa ser complementada por uma bioética que enfoque o conteúdo e a essência das escolhas morais individuais e a forma de vida moral de quem faz as escolhas. De maneira típica e clara, se distingue entre esfera pública e esfera privada: a bioética se concentrou muito mais na primeira. Embora tenha havido naturalmente uma forte corrente sob a tradição de uma ética da virtude (que faz parte da tradição médica, por um lado, e uma reação contra a ética baseada em regras ou princípios, dentro da filosofia contemporânea, por outro lado), o que não foi transmitido de forma conspícua no sentido de ajudar os indivíduos a tomarem boas decisões morais. Tanto a ética da autonomia (que enfatiza o direito de fazer escolhas) quanto a ética da virtude (que enfatiza as disposições características que uma pessoa virtuosa deve possuir) tendem a ignorar o conteúdo real da escolha.

Permita-me sugerir aqui algumas perguntas que seriam muito úteis.

Já foi dito frequentemente que devemos ser livres para fazer o que quisermos, o quanto gostamos, quando não prejudiquemos os outros. Mas o que significa "prejudicar" os outros em uma vida de comunidade autêntica e interesse mútuo? Se é o pensamento que nos guia para a ação, e a ação pode causar danos, isso não significa que a fonte do dano está na maneira como pensamos na intimidade de nossa mente? Como podemos pensar que no final não causaremos danos? Não há muitas maneiras de causar dano em uma comunidade além do dano físico ou psicológico, dano causado a valores e aspirações comuns, efetivamente contra os modos de vida de todo o sistema social?

Se concordamos que devemos usar nossa autonomia com responsabilidade, como podemos, como uma comunidade, definir o que significa "responsável"? O que devemos considerar como um abuso de liberdade, como um mau uso da autonomia ou como um exercício socialmente destrutivo da escolha pessoal? Se concordamos que a lei e a moralidade não são a mesma coisa, e que pode haver escolhas imorais perfeitamente legais, por que tantas dificuldades surgem, na sociedade anglo-americana, para falar sobre elas e identificá-las?

Que autocontenção levaria os indivíduos a um comportamento legalmente livre e como podemos, como comunidade, ajudar uns aos outros a definir quais devem ser essas restrições? Embora não seja contra a lei agir de determinada maneira, fui educado socialmente, de maneira autoritária, para não fazer julgamentos sexistas ou racistas. Minha liberdade legal para fazer isso é, neste caso, positivamente aplicada. Em que outros pontos discutidos seriam úteis outras restrições, desta vez no campo da medicina?

Que tipo de escolhas individuais têm maior probabilidade de favorecer as consequências mais benéficas no impacto cultural com as possibilidades da medicina? Se nossas instituições culturais são formadas pela agregação de decisões individuais, que tipos de decisões individuais unificadas poderiam melhor promover a boa medicina?

Bioética e pluralismo

Há uma suposição comum, mas geralmente tácita, de que se agiu tanto contra o desenvolvimento de uma ética comunitária quanto contra a ética da responsabilidade pessoal. De acordo com esse pressuposto, que se expressa de duas formas, ainda que conectadas entre si, em uma sociedade pluralista não devemos procurar desenvolver uma visão rica e profunda do bem comum, nem reivindicar que haja um critério adequado ou seguro na sociedade a fim de justificar o julgamento sobre as escolhas morais privadas. Interpretei esses dois aspectos como uma única suposição porque, em sua forma mais comum, inclui tanto a comunidade quanto o indivíduo e sua interação. Teorias "superficiais" do bem, como são comumente chamadas, levantam a hipótese de que o pluralismo das sociedades democráticas requer, e pode tolerar, apenas um consenso moral minimalista, e que (como se por definição) uma escolha moral privada é aquela que não pode nem deve ser julgada por outros.

Essa é, creio eu, a posição moral e política característica que governa a cultura anglo-americana, de modo que muitas instituições legais, políticas e educacionais se baseiam em premissas morais sólidas e profundas. É uma posição totalmente típica que orienta a sociedade de forma tão profunda, que permeou profissões, costumes e sistemas regulatórios que continuamente moldam o contexto, dando forma a escolhas privadas, antes consideradas livres por suposição. Somente aqueles que estão familiarizados com esses tipos de problemas e são bem-educados podem se auto iludir, acostumados a pensar que seus valores mais profundos não são completamente valores, mas apenas compromissos neutros com procedimentos livres de valores.

Essa forma de julgar é particularmente arriscada diante das mudanças culturais trazidas pela medicina. Uma vez que essas mudanças geralmente funcionam bem abaixo da superfície das instituições políticas e sociais, elas podem parecer quase invisíveis. O desenvolvimento e a disseminação de contracepção segura e eficaz, por exemplo, muda o conceito de si mesmo [eu], antes mesmo de mudar a concepção biológica. Esse autoconceito e o ponto de vista da procriação geram as mudanças mais decisivas na escolha; e este ponto de vista que se impõe à consciência de muitos, exceto dos mais pobres culturalmente e, provavelmente, também no plano econômico, quase sempre forçará a escolha das famílias mais humildes. A chamada liberdade de escolha reprodutiva já é uma liberdade cujos perfis e julgamentos foram formados por contracepção válida. Aqui está o significado de uma percepção adequada do problema: a tecnologia muda a maneira como percebemos a vida e a maneira como a vida nasce; não apenas como percebemos as novas possibilidades de ação que a tecnologia torna possível. Além disso, o complexo de escolhas pessoais que as pessoas fazem ao usar anticoncepcionais irá moldar ainda mais a natureza da sociedade em que vivemos, adicionando assim outra contribuição à cultura subjacente.

Não estamos dizendo no final senão isto. Se refletirmos sobre as transformações da medicina, visto que elas impõem escolhas morais difíceis, mas distintas que nos precedem – como o melhor uso desta ou daquela tecnologia, seja para desligar um respirador, ou para realizar uma terapia em um feto – já deixamos de considerar a existência de um problema de dois lados: i) em que nível de constrangimentos a cultura, gerada pela medicina, já obrigou a nossa escolha, por exemplo, obrigando-nos a considerar o uso de um respirador, quer queiramos desligá-lo ou não?, e, ii) que tipo de cultura será a consequência, conduzida através do *modelo* de decisões privadas, que, eventualmente, emerge da necessidade de tomar decisões?

As decisões individuais tomadas em conjunto, em pouco tempo, cedo ou tarde produzem cultura. Além disso, o problema não é fazer escolhas, mas sim decidir ao mesmo tempo em que tipo de cultura queremos viver (e este é um problema separado e separável), sabendo que as culturas são claramente formadas mais pela soma total das escolhas privadas do que pelas leis públicas e as instituições que elas criam.

Uma bioética que tenha cumprido suas próprias tarefas, como decidir que tipo de cultura seria melhor para a medicina, e que tipo de medicina seria melhor para essa cultura, ofereceria uma contribuição útil para uma tarefa indispensável, que somente por nossa própria conta e risco podemos nos isentar de atuar. E uma bioética que tenha ajudado as pessoas a moldar a própria vida privada interior, auxiliando-as a saber formular uma boa orientação pessoal, seria o melhor antídoto para uma bioética fundada na autonomia, muitas vezes vazia de conteúdo, exceto de escolhas.

A escolha é uma tarefa fácil. O difícil e importante é o seguinte: o que devo escolher?

Uma ética comunitária seria constituída por uma ética que busca harmonizar o julgamento cultural com o julgamento pessoal. O julgamento cultural exigiria um esforço comum e um discurso aberto: que tipo de cultura comum a medicina nos oferece e, se oferece, nós a queremos? Se não, que forma alternativa a cultura pode nos oferecer? O julgamento privado exigiria tanto autoanálise quanto a ajuda de outros, na forma de um discurso público. Esse processo iniciaria suas reflexões na persistente intuição moral de que, mais cedo ou mais tarde, minha vida moral privada e o tipo de pessoa que escolhi ser difere muito da vida do meu próximo.

Existe uma característica particular e perturbadora de nossa época. Por um lado, a biomedicina estende incessantemente sua força, que molda nossa vida e nossa cultura, de forma não deliberada por meio de um grande projeto, ampliando-o casualmente e sem consciência, justamente por disseminar novas escolhas e novas possibilidades em todas as direções. Por outro lado, nossas individualidades variáveis e nossa cultura complacente são, elas mesmas, mais cautelosas do que nunca em responder a esse desafio com os meios mais eficazes, talvez únicos, à nossa disposição: a busca por uma visão coerente e razoável constitui o bem e o bem-estar do ser humano e da sua sociedade.

Na ausência de tal visão, todo o poder real está nas mãos da ciência, que pode introduzir mudanças profundas de forma decisiva, mesmo sem querer deliberadamente. Só a compreensão de si e da cultura, em sua substância e em sua orientação, pode se defender desse poder excessivo da ciência, oferecendo suas contra reivindicações. A escolha sozinha não pode fazer isso. Por sua vez, mesmo uma sociedade carente de referências, voltada apenas para fomentar um acordo cívico mínimo, não se encontra em posição menos vulnerável. Se não houver um projeto comum sobre o que a biomedicina pode fazer para promover uma boa vida humana – se o problema real do que se entende por tal vida foi proibido em nome do pluralismo – então, essa vida será empurrada para situações que é incapaz de controlar.

Uma abordagem abrangente e completa da bioética deveria, pensamos há muito tempo, incluir três elementos, tanto teórico quanto prático.

O primeiro é constituído pela compreensão de si mesmo. Teoricamente, isso abrangeria a compreensão psicológica do ato moral da tomada de decisão e a maneira pela qual diferentes sociedades passaram a interpretar a relação do eu individual com o complexo social mais amplo. Na prática, isso significa que o indivíduo diante de uma decisão moral, ou enquanto se esforça para moldar a vida moral, deve buscar a autocompreensão, conhecer suas próprias inclinações, predisposições e modos de autoengano.

Outro nível diz respeito à compreensão da sociedade. No nível teórico, isso significa interpretar a história e as tradições de uma sociedade e de uma cultura, e a maneira como elas vieram a formar a consciência individual e os modelos institucionais de costumes e comportamento. Em um nível prático, isso significa colocar as necessidades individuais para compreender, o mais profundamente possível, a maneira como o indivíduo é colocado em um determinado tempo e lugar e as maneiras como essas variáveis moldam as perspectivas individuais, para não mencionar as formas como estas as variáveis se moldam para estruturar as questões morais e o que deve ser considerado a gama de respostas aceitáveis.

O terceiro nível é o da teoria e tradição moral. Ao longo dos séculos, a filosofia e a teologia conceberam suas próprias maneiras de resolver e analisar a vida ética e as decisões morais particulares. No nível teórico, isso significa que as tradições analíticas precisam ser compreendidas e os mesmos métodos diferentes de análise devem ser aprendidos e, então, cuidadosamente elucidados. Na prática, isso significa que o indivíduo deve fazer escolhas quanto às metodologias que podem ser utilizadas na ética, a fim de tomar uma decisão sobre os critérios que o orientam na escolha dessas metodologias.

Ao sugerir a importância desses três níveis, não pretendo apontar um como mais importante do que o outro, nem estabelecer uma prioridade lógica. Todos os três são relevantes e caberá ao indivíduo mover-se constantemente entre um e outro dos diferentes níveis indicados. Grande parte da bioética contemporânea tem colocado sua atenção apenas no nível teórico, com uma grande série de discussões sobre a doutrina dos princípios, sobre as virtudes éticas, sobre o utilitarismo, sobre a deontologia, sobre a casuística e afins. O que continua sendo importante é o tipo de reconhecimento. O que procuro é a maneira de melhor situar aquele trabalho que, por um lado, ocorre na vida do indivíduo por meio da autoanálise e da responsabilização; e, por outro lado, colocá-lo dentro do fluxo histórico e cultural, tanto para mostrar a "absorção" social da teoria moral e, não menos importante, também a "absorção" cultural dentro da qual se desenvolve a vida moral dos indivíduos e da sociedade. A bioética comunitária e cultural pode ser desenvolvida para nos ajudar a agir melhor.

VIII

A bioética no século XXI

Robert M. Veatch[264]

Parece presunçoso sugerir que a bioética, um campo de apenas três décadas, terá uma influência significativa no próximo século. E seria demasiado exigente, já que o tema precursor da bioética, articulado profissionalmente como ética médica, havia caído a tal ponto de inatividade e estagnação que limitou sua influência principalmente para condenar regras antigas: a distribuição de honorários médicos, publicidade e críticas aos colegas. Até agora, mesmo com apenas algumas incursões na oncologia,

[264] [N. do T.] Robert M. Veatch (1939-2020) foi Pesquisador Sênior do Kennedy Institute of Ethics, Professor Emérito de Ética Médica e Professor Emérito de Filosofia na Georgetown University. Bob Veatch, como era conhecido, foi um dos pioneiros no campo da bioética. Ele passou a maior parte de sua longa carreira no Kennedy Institute of Ethics, da Georgetown University, do qual foi Diretor nos anos de 1989 até 1996. Foi ele quem inciou o *Kennedy Institute of Ethics Journal*, em 1991, uma das mais importantes revistas especializadas em bioética. De seus livros, destaca-se: *Case Studies in Medical Ethics* (Harvard University Press, 1977), *Death, Dying and Biological Revolution: Our Last Quest for Responsibility* (Yale University Press, 1978), *A Theory of Medical Ethics* (Basic Books Press, 1981), *The Foundations of Justice: Why the Retarded and the Rest of Us Have Claims to Equality* (Oxford University Press, 1986), *The Patient as Partner: A Theory of Human Experimentation Ethics* (Indiana University Press , 1987), *Cross Cultural Perspectives in Medical Ethics: Readings* (Jones & Bartlett Publishers, 1989), *The Patient-Physician Relation: The Patient as Partner* (Indiana University Press , 1991), *Transplantation Ethics* (Georgetown University Press, 2000), *Patient, Heal Thyself: How the New Medicine Puts the Patient in Charge* (Oxford University Press, 2008), entre muitas outras participações em livros ou colaborações em edições.

imunologia, genética ou órgãos artificiais, não é difícil imaginar que os problemas colocados pela bioética do século XXI serão de excepcional importância.

A bioética e o eticamente exótico

É, portanto, convidativo para um estudioso da bioética argumentar que a bioética continuará a avançar tão rapidamente quanto os dramáticos problemas sobre a vida e sobre a morte, propostos pela ciência, se desenvolvem diante de nós. Estamos certos de que estamos enfrentando não apenas escolhas trágicas em relação ao tratamento de fetos, sobre a manipulação para além do material genético humano e a criação de máquinas de suporte subumanas, mas também escolhas éticas cruciais relativas à justiça ou equidade na alocação de recursos para essas tecnologias.

Apesar da atratividade que essas tecnologias eticamente exóticas exercem, estou convencido de que não é nesta área que se manifestará a contribuição decisiva da bioética para o século XXI. Certamente, aqueles que planejam o sistema continuarão a enfrentar escolhas difíceis nessas áreas fascinantes de alta tecnologia, e a bioética terá seu papel a desempenhar na determinação dos fundamentos morais a serem aplicados às escolhas, embora eu pessoalmente veja algo muito mais importante em seu programa.

Acho que já podemos ver a antecipação de uma revolução inspirada no movimento da bioética no final do século XX, que mudou o potencial de produzir algo semelhante ao paradigma kuhniano.[265] A mudança, em minha opinião, pode ser tão decisiva quanto a evolução da medicina moderna na segunda metade do século XIX e nos primeiros anos do século XX. O movimento em direção à medicina ortodoxa e científica surgiu em meados

[265] Cf. KUHN, Thomas Samuel. *The Structure of Scientific Revolutions.* Chicago: The University of Chicago Press, 1962. [N. do T.] Tradução brasileira: *A estrutura das revoluções científicas.* 13ª edição. São Paulo: Perspectiva, 2017. Thomas Samuel Kuhn (1922-1996) foi um físico e filósofo da ciência estadunidense que se dedicou a estudar a história da ciência e a filosofia da ciência, tornando-se um marco no estudo do processo que leva ao desenvolvimento científico.

do século XIX, questionando interpretações alternativas de saúde e cura, e se juntou no início do século XX às mudanças introduzidas na educação médica pelo "Relatório Flexner".[266] Da mesma forma que essas mudanças foram de proporções memoráveis, outras mudanças fundamentais ocorrerão, em minha opinião, no horizonte com respeito às quais hoje concebemos e interpretamos a medicina e as ciências biológicas. E a mudança será promovida, acredito, pela bioética contemporânea.

Os defensores da medicina moderna tiveram (e continuam a ter) a maior tarefa de ajudar aqueles que, entre nós, não são cientificamente orientados a pensar sobre a medicina e a biologia em termos científicos. Já aprendemos a não confiar em nossas percepções sobre saúde e a não ser excessivamente influenciados por histórias. Tivemos que aprender com os ensaios de ciclo duplo, cientificamente estabelecidos por indicações médicas para agentes farmacológicos, e com as possibilidades do método científico.

A bioética, porém, está começando a desafiar os fundamentos conceituais da medicina moderna. Acredito que o real impacto da bioética no sistema social do século XXI pode ser percebido nas prováveis transformações conceituais que já começaram a ocorrer. Nos Estados Unidos, isso começou com casos como o de Karen Ann Quinlan, uma mulher de 21 anos que foi mantida em estado comatoso ou vegetativo. Seus pais, na tentativa de recusar mais suporte de vida, confiaram no fato de que era um tratamento extraordinário, mas encontraram forte resistência do médico que a tratava, e que insistia que a vida deveria ser mantida. Um tribunal de New Jersey decidiu a favor dos pais.[267]

[266] [N. do T.] O *Relatório Flexner* é um documento histórico sobre a educação médica nos Estados Unidos e no Canadá, escrito por Abraham Flexner (1866-1959) e publicado em 1910 sob a égide da Fundação Carnegie. Muitos aspectos da atual profissão médica estadunidense derivam do *Relatório Flexner* e suas consequências. O relatório conclamava as escolas médicas estadunidenses a promulgar padrões mais elevados de admissão e graduação, e a aderir estritamente aos protocolos da ciência convencional em seu ensino e pesquisa. Abraham Flexner foi um educador estadunidense, mais conhecido por seu papel na reforma do ensino médico e superior do século XX nos Estados Unidos e no Canadá.

[267] In re Quindan, 70 N.J. 10, 355 A. 2d 647, 1976, *cert. denied* sub. nom., Garger v. New Jersey, 429 U.S. 922, 1976, overruled in part, In re Conroy, 98 N.J. 321, 486 A. 2d 1209, 1985.

Antes disso, os médicos que praticavam a ciência médica moderna e usavam o paradigma moderno acreditavam que os médicos e outros especialistas científicos poderiam nos dizer quais eram as escolhas cientificamente corretas. Estávamos falando não apenas sobre "ordens médicas", mas também sobre tratamentos "clinicamente necessários".[268] Acreditamos que as ciências biológicas e médicas poderiam nos dizer o que deveria ser feito para promover nossa vantagem médica e biológica. Alguns cientistas da medicina moderna foram ingênuos o suficiente para acreditar que era "um fato científico" que certos medicamentos, tecnologias e outras intervenções eram as escolhas certas. Eles pareciam acreditar que era possível determinar no nível médico quais tratamentos deveriam ser implementados, e isso simplesmente através do conhecimento dos registros médicos apropriados relacionados ao diagnóstico e prognóstico.

Os melhores médicos que praticam a medicina moderna perceberam que estavam cometendo um erro: passar da afirmação de fatos médicos para a conclusão do que precisa ser feito sem ter uma premissa estabelecida sobre o que conta como um bom resultado. Esses sofisticados praticantes da medicina moderna reconheceram que certos valores eram necessários para obter conclusões de julgamento sobre o que é um bom ou um mau tratamento médico. Achavam, porém, que os valores deveriam ser deduzidos da própria medicina, de conceitos como o valor da vida, o mal do sofrimento, o bem da saúde.[269]

Karen Ann Quinlan pôs fim a tudo isso. Reconhecemos que, em casos como o de Karen Ann Quinlan, era ilógico para um médico julgar justamente por ser um especialista em

[268] Cf. VEATH, Robert M. The Concept of "Medical Indications". *In:* VEATH, Robert M. *The Patient-Physician Relation: The Patient as Partner*, Bloomington: Indiana University Press, 1991, p. 54-62.

[269] Cf. KASS, Leon Richard. *Toward A More Natural Science: Biology and Human Affairs.* New York: The Free Press, 1985; cf. CASSELL, Eric J. *The Healer's Art.* Cambridge, Mass.: MIT Press, 1985; cf. DYER, Allen R. Virtue and Medicine: A Physician's Analysis. *In:* SHELP, Earl E. (ed.). *Virtue and Medicine: Exploration in the Character of Medicine.* Dordrecht: Springer, 1985, p. 223-235; cf. SIEGLER, Mark. Clinical Ethics and Clinical Medicine. *Archives of Integral Medicine,* v. 139, n. 8, 1979, p. 914-915.

medicina e, como tal, ele poderia dizer o que deveria ser feito por uma paciente como Karen em estado vegetativo persistente. Estabelecemos, de uma vez por todas, que ser capaz de diagnosticar e prever o curso de uma doença não poderia nos dizer o que precisa ser feito. Muitos pacientes sacrificariam racionalmente certas vantagens médicas para adquirir outras fora da esfera médica. Além disso, mesmo entre os benefícios da medicina, podem surgir conflitos entre quantidade e qualidade de vida. Nenhum ramo da ciência médica pode nos dizer como resolver esses conflitos.

O resultado se materializou no que podemos chamar de solução liberal. Os estudiosos da bioética chamados "liberais" argumentaram, quando "um caso ético" fosse trazido ao conhecimento, que a tarefa do médico era retirar-se de seu papel normal e apresentar os fatos ao paciente, ou ao responsável pelo paciente, a fim de permitir que a pessoa se refira ao seu sistema pessoal de fé e de valores para decidir o que fazer.

Isso deveria acontecer não apenas em casos de doença terminal, mas também em casos de aborto, tecnologias de parto, implantação de órgãos artificiais e outras exceções eticamente exóticas. Quando situações "exóticas" surgiam no nível ético, a tarefa do médico era sair dos cânones da medicina moderna normal para deixar a escolha para o paciente.

Os fundamentos para uma nova medicina

Tais argumentos nos levaram à posição de que as ciências biomédicas não deveriam nos dizer o que fazer em casos eticamente exóticos. No entanto, esse argumento resultou em caminhos que foram muito além do que era esperado. Os defensores dos direitos dos pacientes ficaram satisfeitos com o resultado de que os próprios pacientes poderiam tomar decisões eticamente sensíveis. Dois pontos importantes já foram estabelecidos, pelo menos entre aqueles que trabalham na vanguarda da bioética. O primeiro é que é logicamente necessário que os valores sejam literalmente incorporados a todas as escolhas feitas pela medicina ou pelo sistema científico. Assim como a escolha de aceitar uma dose de veneno que ponha fim à vida, isso exige que um sistema de convenções e de valores seja imposto à situação biomédica, de modo que esses valores sejam referenciados na decisão de operar uma hérnia, a expor uma criança à imunização por DPT[270] ou por dedicar uma hora para fazer uma visita médica. Para a prescrição mais diária, há muitas alternativas prováveis de medicamentos, dosagens, dietas e efeitos colaterais potenciais. Há literalmente uma onipresença de valores nas decisões que devem ser tomadas no campo médico e não há razão para que os valores dos profissionais de saúde devam prevalecer sobre os dos pacientes.

O segundo ponto também estabelece que mesmo o relato de fatos comprovados cientificamente, aos quais as escolhas de valores estão vinculadas, requer um processo de avaliação.[271] As escolhas conceituais e de valores devem ser feitas a partir de uma lista infinita de dados, selecionando-se aqueles que são significativos para a decisão a ser tomada. As escolhas devem ser feitas sobre as opções de tratamento potenciais e estar ciente do valor dos efeitos colaterais, sobre o que conta como dados estatisticamente significativos e sobre os métodos científicos, para decidir quais são aceitáveis. Tudo isso tem que ser feito por profissionais biomédicos apenas para introduzir o "leigo" na conversa.

Se isso for verdade, a solução "liberal" é míope. É impossível que os profissionais forneçam ao paciente os fatos para que ele possa escolher em um caso incomum de ética, visto que, em primeiro lugar, os mesmos fatos devem ser apresentados em um quadro conceitual já avaliado e porque, em segundo lugar, os problemas que são o objeto da escolha surgem continuamente. Além disso, discutir sobre todas as escolhas a serem feitas paralisaria a medicina.

---

270 [N. do T.] A vacina DPT ou vacina DTP é uma classe de vacinas combinadas contra três doenças infecciosas em humanos: difteria, coqueluche e tétano.

271 Cf. VEATH, Robert M. Consensus of Expertise: The Role of Consensus of Experts in Formulating Public Policy and Estimating Facts. *The Journal of Medicine and Philosophy,* v. 16, n. 4, 1991, p. 427-445.

Um campo de ação para o século XXI

Se isso for verdade, o impacto real da bioética no sistema social do século XXI será atingir, não por meio de debates autos satisfatórios, aqueles casos de ética exótica que a maioria das pessoas concretas nunca encontrará, mas, ao contrário, se estabelecerá no nível de uma reconceituação do que elaboramos sobre a escolha, nas ciências médicas e biológicas. Não fará mais sentido que os médicos possam dizer aos pacientes quais tratamentos são "clinicamente indicados". Os médicos não poderão mais contar com nenhuma base para dar "ordens". Eles não vão querer ter nenhuma base real para redigir prescrições ou emitir justificativas que deem legitimidade ao papel do paciente. Mesmo em uma situação ideal, eles nem mesmo vão querer valer-se da aptidão para nos oferecer fatos biomédicos, pelos quais fazer escolhas. Os hospitais devem necessariamente ser considerados como a imagem de perspectivas particulares de valor: ou seu funcionamento se referirá a pressupostos ideológicos até o prolongamento agressivo da vida, ou atuará como asilo ideologicamente orientado para um quadro alternativo de valores. As instituições hospitalares terão que começar a articular as ideologias com base nas quais possam organizar a distribuição dos cuidados de saúde. Elas envolverão médicos e outros profissionais de saúde com base nessas suposições. Provavelmente, elas terão que declarar suas ideologias iniciais aos pacientes. Os pacientes que não as compartilham irão, sabiamente, recorrer a outro lugar.

Ao nível do sistema social, a gestão da consolidação da saúde vai se conscientizar e necessariamente refletir sobre os compromissos que dizem respeito a certas ideologias, bem como aos sistemas de crenças e valores. As organizações de seguros serão vistas como implementando escolhas de valor quando decidirem cobrir ou excluir casos controversos de sua assistência. O debate sobre o aborto está apenas no começo. No próximo século, veremos discussões, não apenas relacionadas a corações artificiais e manipulação genética, mas também relacionadas à sabedoria e à moralidade dos testes diagnósticos, da psicanálise freudiana, também concernente ao propósito vitalista dos testes diagnósticos que têm pouca probabilidade de beneficiar, e mais nas escolhas relativas ao procedimento normal, aos custos, aos serviços ineficazes para os idosos.

O uso de cientistas especialistas na formação do sistema administrativo será submetido a um escrutínio crítico e detalhado. O uso de grupos de especialistas, como em tribunais científicos e grupos de desenvolvimento de consenso dos Institutos Nacionais de Saúde *[National Institutes of Health, NIH]*, serão vistos como as forças que podem resolver os graves problemas conceituais que surgem. Isso não ocorre apenas porque as perguntas, a serem feitas necessariamente, envolvem escolhas de valor em decisões como se certos serviços são positivos ou negativos, mas também porque apenas as declarações factuais cientificamente apoiadas serão julgadas como meros elementos conceituais e valiosos, reflexão e imagem de quem faz essas afirmações. Assim, se um grupo todo de especialistas tem orientações conceituais ou avaliativas, seus relatos sobre o que é chamado de "os fatos" serão considerados como incorporando necessariamente sua orientação. Os julgamentos emitidos por órgãos científicos que afetem indiretamente o sistema social, do ponto de vista científico, serão considerados iniciativas portadoras de valores. As agências dos Estados Unidos, como a *Food and Drug Administration (FDA)*, os Centros de Controle e Prevenção de Doenças *[Centers for Disease Control and Prevention, CDC]*, os Institutos Nacionais de Saúde *[National Institutes of Health, NIH]*, e agências médicas governamentais semelhantes em outros países, serão reconhecidas como órgãos de avaliação que oferecem suas avaliações com base no consenso dos valores daqueles que participam de seu desenvolvimento.

O retorno da religião e dos cuidados de saúde quase religiosos

Se os sistemas de crenças e valores são logicamente centrais, não apenas para o diagnóstico clínico e iniciativas de tratamento, mas também para a concepção da própria medicina que é aplicada, então, os valores e as crenças serão, mais uma vez, considerados como o que desempenha um papel efetivo e central na atenção à saúde. O século XX foi visto como o ápice da luta da idade moderna para conceber a medicina como uma iniciativa autônoma, fundando-a na ciência e isolando-a das instituições religiosas e quase religiosas que, pensava-se, a contaminavam com referência às crenças, superstições e preconceitos. O ideal da medicina moderna representava uma prática não apenas isenta de valores, mas também livre da religião. Acreditava-se que os sistemas de fé, os pressupostos teológicos e filosóficos deveriam ser independentes da prática da medicina.

Mas, como as instituições religiosas continuaram a se envolver no campo médico, elas assumiram três papéis que, embora limitados, são importantes. Primeiro: alguns acreditavam que as entidades religiosas poderiam oferecer assistência mais humana e compassiva do que muitas organizações seculares. Os hospitais apoiados pelas ordens religiosas foram apresentados como exemplos ideais de um cuidado ao qual se consagra e que se rege pela caridade, enfatizado no sentido de "assistência" (*care*). Desse ponto de vista, os melhores hospitais, patrocinados por religiosos, ofereciam os mesmos serviços de alta qualidade e competência técnica que qualquer outro hospital poderia oferecer com exemplar disponibilidade.

Segundo: muitos acreditavam que alcançariam o objetivo da boa medicina científica, um compromisso com a honestidade na distribuição de recursos. Esses hospitais tiravam seu sustento da caridade e sua equipe se dedicava aos pacientes para garantir que os pobres fossem tratados com um serviço de qualidade que não teriam em outro lugar. Esses serviços, no entanto, foram considerados em pé de igualdade com os serviços julgados adequados para todos os outros pacientes em institutos seculares, se apenas o mesmo capital estivesse disponível. No nível objetivo, a boa medicina representava a norma; a comunidade religiosa adquiriu os recursos não médicos para oferecer o que, em um nível objetivo, a boa medicina havia adquirido de forma mais ampla. As ações eram as mesmas, apenas a atitude e a distribuição eram diferentes.

Terceiro: a maioria das pessoas reconheceu que, em comparação com alguns serviços, a estrutura religiosa também apresentava uma diferença substancial. Os hospitais católicos não realizavam abortos; os institutos judeus teriam feito circuncisões, mas não autópsias. As Testemunhas de Jeová recusam transfusões de sangue, e os cientistas cristãos uma gama mais ampla de intervenções. Às vezes, essas recusas eram chamadas de razões religiosas ou "não médicas" quando se tratava de decisões para um tratamento. No campo da medicina moderna, essas recusas contrastavam com os motivos "médicos" que orientavam as decisões de tratamentos; e essas últimas foram consideradas objetivas, livres de valores, científicas e independentes de crenças e valores.

A bioética contemporânea mudará tudo isso. Diferentes sistemas de crenças e de valores podem continuar a moldar atitudes em relação aos serviços e sua entrega; continuará a fazer reivindicações a respeito de certos padrões de tratamento, apresentados como estereótipos enquanto "religiosos", mas a influência do sistema de fé e de valores será reconhecida como muito mais ampla e abrangente. Não apenas a decisão de continuar uma gravidez será vista em termos religiosos, mas também a decisão a favor ou contra o parto natural, ou uma cesariana, ou anestesia, ou a favor ou contra os modelos de cuidados pós-parto. A decisão de prescrever um antibiótico será considerada por representar uma constelação de valores, sabendo-se que pessoas com diferentes referências de fé e de valores fariam de outra forma, não só pela diferença de interpretação dos dados, mas também por seus pontos de vista sobre custos justificáveis, avaliação de alternativas aos antibióticos e o efeito do uso de antibióticos no genoma. Literalmente, cada escolha médica será considerada como se representasse um ponto de vista religioso ou quase religioso em relação ao mundo – um sistema de fé e de valores – que determina o que o médico, o paciente e a sociedade acreditam que devem ser os usos responsáveis, convenientes e aceitáveis da medicina. A proposta de orientação em saúde de um médico que não compartilha de um arcabouço normativo, conceitual e ontológico será considerada tão irracional quanto a orientação de quem não está muito familiarizado com a ciência médica. Na verdade, a mesma ciência aprendida com especialistas desse tipo será vista como necessariamente formulada de acordo com o ponto de vista ou abordagem do mundo do médico. Tanto mais que as prescrições normativas do perito, sobre o que deve ser feito, serão formuladas desta forma. No próximo século, as estruturas religiosas e quase religiosas se tornarão uma parte muito mais integral e integrada da prática da medicina, sem retornar à era pré-moderna, na qual religião e medicina não podiam ser distinguidas, mas irão além da época moderna até a contemporânea, na qual elementos religiosos, filosóficos e normativos são considerados parte necessária e decisiva dos fatos médicos e do que constitui uma boa profissão médica.

Tudo isso, acredito, está na ordem do dia para o século XXI. E vem do árduo trabalho realizado pelos estudiosos da bioética no final do século XX, trabalho que atesta a necessidade lógica de incorporar valores não apenas nas decisões médicas e de saúde sobre o que fazer, mas também de incorporar valores nos mesmos processos que verificam fatos científicos relevantes.

Não estou propondo inteiramente um retorno a uma era pré-moderna na qual a ciência não importava. É uma hipótese impossível e muito pouco atraente. O verdadeiro problema da bioética será descobrir como podemos continuar a respeitar a autonomia dos cidadãos e a contar com a objetividade da ciência, ao mesmo tempo que admitimos que tanto a biomedicina clínica como o sistema social biocientífico constituem iniciativas intrinsecamente avaliativas. Esse é o legado do movimento bioético promovido no final do século XX. E é por isso que a bioética continuará sendo uma forma crítica para o século XXI.

pólen bold 90 gr/m2
tipologia calisto mt
impresso no outono de 2025